"I am humbled by the simplicit spiritual depth, gentleness, a carried in this ecosocialist vis of Gaia, we will act together fo we know what to do—the fu

—Ariel Salleh, ecofeminist writer and activist

"This is terrific, what every grassroots organizer needs, a profoundly revolutionary and practical vision rooted in the lives and achievements of Third World people. Beautifully written, filled with imagination to protect the people and the planet as fascist mobs roam the earth, the First Ecosocialist International vision paper offers me hope and pushes me, as I push others, far to the left into the future by seeing the past 'not only as a point of departure but also as a point of arrival.'"

—Eric Mann, author of *Playbook for Progressives*

"This strategic ecosocialist plan of action is a beautiful document, inspired by the spirituality of the original peoples. It shows the way to overcome the present ecocidal system: by anticapitalist, anti-imperialist, and social-ecological struggles."

—Michael Löwy, author of *Ecosocialism: A Radical Alternative to Capitalist Catastrophe*

"*Cry for Mother Earth* reads like poetry from the heart, something which is revolutionary in itself! ... It's perfect in its understanding and execution and should be put into action immediately. I am honored to be a small part of this revolutionary movement that will be an example to change the world, community by community."
—Charlotte O'Neal, aka Mama C, Black Panther Party, Kansas City Chapter and United African Alliance Community Center

"I'm impressed by the attention, humility, and beauty of the people of Veroes in the state of Yaracuy, with whom we stayed for several days discussing the problems which affect our Mother Earth. I'm very proud to belong to the First Ecosocialist International, and I hope we can continue with this social movement.... We concluded that we must build an international movement, made up of progressive governments, activists and ordinary people, to save the planet from the devastation of the imperialist capitalist system which destroys the environment."
—Dhoruba Bin Wahad, Black Panther Party, New York Chapter and Community Change Africa

"The Ecosocialist Horizons team is formidable, in translating the most important political philosophy of our century into comprehensible and compelling images and text. More power to those who have been part of the education team, and to those who will take this vital ideology forward, to activism."
—Patrick Bond, distinguished professor of sociology, University of Johannesburg

"This elegant manifesto points the way to the future, by drawing on our diverse and collective past. It provides a guide to short term defensive actions, medium term campaigns to prefigure alternatives in the present, and a long-term vision of a future where human beings thrive as part of nature. There is really no alternative to ecosocialism; the onus is on all of us to realize this future, wherever we live and whichever sphere of struggle we are engaged with."
—Janet Cherry, South African activist and historian, former political detainee, and researcher for the Truth and Reconciliation Commission

"A hugely important project that gets my strongest endorsement."
—Paul Buhle, official biographer of C.L.R. James

"The Plan of Action of the Ecosocialist International captures the Cry of Mother Earth. It also captures her defiance. And her hope. It echoes the urgent need for cultural reawakening and resistance in defense of all beings recognizing that an attack on one is an attack on us. This is not a plan to stimulate curiosity, but one that demands sensitivity, connectivity and actions as a sacred/radical duty to free humans and other beings from the predatory propensity of capital and their drivers. A call to recover our place as part of a community of beings."
—Nnimmo Bassey, Health of Mother Earth Foundation

"Due to systemic inequality exacerbated by fascist politics of racial, gender, abled, linguistic, geographical, and anthropocentric antagonisms, the need for an ecosocialist plan of action is felt more than ever. The Combined Strategy and Plan of Action of the First Ecosocialist International assure the world, time and time again, that ecological justice is inter-linguistic, intercultural, and intergenerational—that an ecosocialist plan of action is the best foot forward towards a more just and equal world."
—Thilini Prasadika, host of *Who's Afraid of the Humanities?*

"*Me alegra leer propuestas concretas....* The world is being destroyed by colonial, patriarchal capitalism; in particular, by the neoliberal economy, that has accused poor individuals of 'being guilty of their own poverty, while at the same time, making them the sacrificial lambs for the betterment of the world.' It is time to change human history. The First Ecosocialist International established the foundation for waking up and devising a paradigm shift to reconnect with our birth mother—Pachamama. We need to reconnect our individual and collective roots; work as a community and increase our abilities; to set up a distribution of wealth for women and men. At the same time, to recover the path of integration for the culture and continuation of the circle of life; and to be a person who is free."
—Ana Isla, author of *Greening of Costa Rica: Women, Peasants, Indigenous People, and the Remaking of Nature*

"'Socialism' is increasingly being replaced by 'ecosocialism' in strategic discussions on the left these days—and rightly so. Ecology and socialism are interwoven as never before, and interdependent. The Ecosocialist International Plan of Action represents an important and timely contribution."
— Asbjørn Wahl, trade union advisor, writer, and activist

"I hereby express my adherence to and support for the principles, aims, campaigns and activities of the First Ecosocialist International. We have a common ground in condemning and fighting monopoly capitalism as the scourge to humanity and nature and in aiming for socialism in order to achieve social and environmental justice."
— Jose Maria Sison, founder of the Communist Party of the Philippines

"The amazing work of the Ecosocialist International has been immensely inspiring. Their activism and knowledge production has also shifted and shaped my own thinking, teaching, and research on topics such as economic development in the global South. The peoples, movements, organizations, collectives involved are creating for us a path of action that is essential for planetary justice and survival of life on earth."
— Omar Dahi, professor of economics, Hampshire College

The Cry of Mother Earth

PLAN OF ACTION OF THE FIRST ECOSOCIALIST INTERNATIONAL

Ecosocialist Horizons

ISBN: 978–1–62963–936–9 (paperback)
ISBN: 978–1–62963–950–5 (ebook)
Library of Congress Control Number: 2021945065

Cover by John Yates / www.stealworks.com
Front cover artwork by Mikaela Gonzalez. Artwork in this volume contributed by adherents of the Ecosocialist International, including Leigh Brownhill, Andres Bless, Pablo Mayayo, Arabelle Clitandre, Hannah Allen, Epatu Konuko, Juan José Escalona, Juan Ramón Escalona, Charlotte Hill O'Neal, Jhonny Ferndandez

10 9 8 7 6 5 4 3 2 1

PM Press
PO Box 23912
Oakland, CA 94623
www.pmpress.org
Printed in the USA.

Contents

Introduction

You hold in your hands two historic documents, written in a collective process of loving exchange and hope, in a land that knows liberation: the Bolivarian Republic of Venezuela.

The first was written in the small town of Monte Carmelo in 2016 and is entitled "The Cry of Mother Earth: Call to the First Ecosocialist International." It is an invitation—an urgent summons to come together and draft a plan of action for the salvation of ourselves and Mother Earth. It is a wish—a seed.

The second document is the fruit of that seed. It was written a year later, over the course of four days in the municipality of Veroes, with the words of over one hundred delegates from five continents. This document is a compass and a cradle, a map and a manifesto, for a global revolution—a return to a way of life in unity with nature. It was named the "Combined Strategy and Plan of Action of the First Ecosocialist International."

Compiled by PM Press and Ecosocialist Horizons, combined with original artwork, this book recognizes and records the history and the future of the world's first

Ecosocialist International: a chorus of grief and praise for Mother Earth, and a planetary program of revolutionary action in defense of free life.

> *"What other generation has been given the chance to transform the relationship between humanity and nature, and to heal so ancient a wound? What a fantastic challenge!"*
> —Joel Kovel, author of *The Enemy of Nature: The End of Capitalism or the End of the World?*

The Cry of Mother Earth!

for the ancestors who,
with their lives and struggles,
plowed the spirit and the strength
of what we now call ecosocialism

. . .

Call to the First Ecosocialist International: Reweaving Pangaea

(The spirits live! the magic continues …)
Sanare, Lara, Bolivarian Republic of Venezuela
October 31–November 3, 2017

The mourning of Mother Earth calls us. Her cry resounds within us. It is ours. This call echoes her cry. We accept our responsibility. We call respectfully on her behalf because we understand and feel the pain: the voice and the cry of Mother Earth. How can we not respond, when we know that her destruction is our own, of all humanity, of all life?

A social relation imposes the domination of a few over the many, and over life as a whole. It is based on greed, on dispossession, on patriarchy and racism, on the generation and accumulation of profits. The few who dominate obey the illusory fantasy of their power and their insatiable, egotistical consumerism. Theirs is the history of progress, which demands and justifies expansive cycles of exploration, exploitation, exclusion, and extermination. It is a suicidal course of uncontrollable destruction, which occupies and encompasses our bodies and imaginations.

Ecosocialism is one of the voices that respond to the cry of Mother Earth, one among many convocations which emerge from our territories. Ecosocialism is a calling in which many others are evoked and resound; one of the many ways to name the pain of Mother Earth, which claims us, names us, and challenges us to change.

Thus we call upon ourselves: to liberate Mother Earth and to liberate ourselves: to resist and overcome the social relations that deny and destroy us.

We convene with a sense of urgency. Mother Earth is dying. We are not referring to a threat but recognizing the facts of an ongoing process, the consequences of a suicidal irresponsibility which drags us to the verge of destruction. The social relation of greed—for which there are too many people and not enough planet for the accumulation of profits to continue—has generated a global crisis. A total war against life has been launched in order to eliminate the surplus and to control the scarcity that this social relation has falsely conceived. This system is the only surplus that we must overcome and eliminate. And the only scarcity is the limited recognition that ecosocialism is the original model— that they made us sick with their counter-model; with their alternatives to ways of life based on ancestral principles and

practices—which we must now reclaim, with the seeds and crops of the paths to the life we need.

We seem possessed by the greatest of absurdities. We assume that we are separate, distinct from "nature." This project of death and arrogance makes us all accomplices. In reality, we have been exiled. We need to return, to reintegrate, to once again become daughters and sons of Mother Earth, to be inseparable and interwoven with her. We call upon ourselves to make this return to life a reality.

Here we share our collective criteria to call upon those who will take part in the First Ecosocialist International. In doing so, we also establish criteria for those who will not take part in it.

Those who never accepted exile call upon us: those who have resisted and remained rooted, who have been punished by a conquest which cannot tolerate them. The fact that they are still alive, speaking their languages and maintaining their traditions expresses the greatest and most beautiful capacity of resistance and rebellion in human history. Their survival, in spite of the mistreatment and abuse they have suffered, guides us and calls out to us. They are peoples rooted in their land, indelibly interwoven with Mother Earth. It is these peoples who today confront the greatest risks of extinction.

Those who have returned, who have experienced the desolation of their banishment, and have taken the path home: they too call on us to join them. This is also their place. We need to pay respect to their word and experience by making it our own.

Those of us who, in word and action, in multiple and diverse ways and on different paths, resound with our commitment to return, and who therefore are walking in this common struggle, call upon ourselves to be, as we are certain to become, from and with Mother Earth.

Those of us who know that resistance-rebellion and creating-transforming are inseparable and simultaneous duties, who realize that the social relation that suppresses us has invented this and other false dichotomies by separating and dividing that which must remain united, we call on ourselves to reestablish the unity of what cannot remain divided.

Mother Earth: Those who have remained interwoven; those who were exiled but have now returned; those who have joined in struggle to take the path back to your bosom and wisdom in word and action: we call upon one another.

We know the biographies and the chronologies of the regime that condemns us to oblivion. We have memorized the scripts and have learned to forge ourselves to the roles which assign us to classes and castes, places and behaviors, expectations and positions. We hear the anguish, the disagreement, the impotence, and the solitude. We see through the masks and the makeup—they are the bait which tempts us into the trap of permanent fear: the fear which makes us pursue illusions of stability and security; the fear of losing by which we are chained to the inexorable course of defending that which destroys us as individuals and peoples; the fear whose only possible path is obedience and desolation.

Thus we call upon ourselves to gather at the First Ecosocialist International, to overcome the social relation that destroys and suppresses us, and to commit ourselves to reach out with respect and reciprocity to those who have not yet accepted the responsibility defend Mother Earth.

We are aware that the few who will take part in the convocation of First Ecosocialist International will not be all of us; indeed that most of us will not be there. Those who will meet in the first encounter of the Ecosocialist International must humbly realize this great limitation and assume an enormous responsibility: to weave a process between and beyond themselves; to carry it on all the required paths towards the liberation of Mother Earth. Although neither replaced nor represented, the many absent may count on the commitment and experience of those present to consciously contribute to a movement of movements and a spiral of spirals. We seek neither answers nor leaders but rather the weaving of many ways to free ourselves with Mother Earth.

We convene those coming from specific realities where concrete challenges need to be addressed and overcome with the vision of a collective horizon. We will not convene those who subordinate processes and realities to imagined or prescribed landscapes. We recognize that we have been fooled, confused, captured, and suppressed in various ways and that we need to acknowledge our ambivalences and contradictions. We come together to face and overcome these. We call upon those willing and able to consistently take responsibility for their contradictions and overcome their mistakes.

We call upon those who are braiding theory and practice to come and share their struggles: for freedom from oppression, dispossession, and death; for freedom to live, to weave ourselves to life and to Mother Earth.

We recognize that our home is surrounded and infiltrated by those who, captured by the greed that moves an unjust social order, have the power, the capacity, the means, and the need to destroy it and us. This situation urgently demands our wisdom: to propose paths and design plans, to recognize, confront, and overcome this threat and aggression with moral and strategic action. To convene the First Ecosocialist International, we must bring together processes and peoples who cannot be bought, who don't surrender, who don't get tired, and who won't deceive or be deceived.

We have decided to make the most of four days, between October 31 and November 3, 2017, to be moved, and to lay the foundations for a short-, medium-, and long-term plan of collective action. We must begin to respond in this short time with the greatest wisdom to achieve maximum impact. Thus we aim to identify and prioritize select processes and individuals who, responding to the criteria outlined here, will exchange experiences and propose directions. The purpose is not to exclude but, on the contrary, to begin to move forward from solid ground and vision towards inclusion. This initial plan of action will be presented both humbly and firmly as the axis of a spiral whose vocation and commitment it weaves in word and action in harmony, until all are free from the deathly project that overwhelms us, until all are interwoven again with Mother Earth.

This is a first step. No person or process can claim ownership or leadership of what shall be done and achieved collectively; we accept this responsibility as a priority. We respond to this calling to the First Ecosocialist International, which is a calling to confront and overcome the challenge of the cry of Mother Earth: To create and transform, to resist and rebel—both far beyond and closer to home than the boundaries of this life-threatening system. To organize ourselves on this shared path to freedom will be our only reward and commitment.

Based on these criteria, we assume the responsibility to call upon a limited number of participants who can realize the work demanded of us. With this call, which echoes towards all continents and territories, all peoples, processes, and individuals searching to achieve balance and harmony, we are proceeding to convene participants to Abya Yala and Turtle Island. This process begins immediately, promising permanent communication between those of us who have committed ourselves to it.

The spirits embodied themselves in us, suggesting a program that appeals through the portals of being and feeling, with simple and elemental points of entry: to listen to the cry of Mother Earth echoing within ourselves, and to find ourselves with each other in a collective pattern and plan.

If not you, who? (We are who.)
If not here, where? (Here is where.)
If not now, when? (Now's the time!)

From the Pluricosmovisionary Commission
(Twelve states of Venezuela, ten countries, three continents)

Locals (Monte Carmelo y Sanare, Lara):
Semillero Socialista de Monte Carmelo | Consejo Comunal de Monte Carmelo | Comuna María Teresa Angulo | Asociación de Productores de Monte Carmelo | Cooperativa "La Alianza" de Las Lajitas, | Asociación Civil MonCar | Feria de Consumo Familiar de Monte Carmelo | Colectivo Senderos del Saber de Monte Carmelo | Liceo Bolivariano Benita de Jesús García de Monte Carmelo | Liceo Bolivariano Rural María Teresa Angulo de Bojo | Cooperativa 8 de Marzo de Palo Verde | Sistema de Trueke del Territorio Comunal "Argimiro Gabaldón" de Sanare | Emisora Comunitaria Sanareña 101.9 FM de Sanare | Colectivo de Investigación "El Maestro Café" de Sanare

Nationals (Venezuela):
Consejo Popular de Resguardo de Semillas "Renato y El Caimán" de Lara | Consejo Popular de Resguardo de Semillas "Los Mintoyes de Mistajá" de Mérida | Consejo Popular de Resguardo de Semillas "Cumbe Adentro" de Yaracuy | Consejo Popular de Resguardo de Semillas "Arawac" de Aragua | Consejo Popular de Resguardo de Semillas "Ancestrales" de Táchira | Diseminadores de Semillas de Lara | Red de Konuker@s Biorregión Oriente | Red de Konuker@s Biorregión Centroccidente | Red de Konuker@s Biorregión Andina | Calendario Productivo Socio-Cultural | Escuela Popular de Semillas | Escuela Popular de Piscicultura | MST Venezuela (Movimientos Sociales por el Trueke, la Paz, la Vida y el Ecosocialismo) | Sistema de Trueke Urachiche de Yaracuy | Sistema de Trueke Merideño de Mérida | Sistema de Trueke Paraguachoa de Nueva Esparta | Sistema de Trueke Biorregión Turimiquire (Monagas, Sucre y Anzoátegui) | Comuna "El Maizal" | EPATU KONUKO (Espirales Populares para las Artes y Tradiciones Universales del Konuko) | GREP (Guerrilla Republik Venezuela) | FRAV (Frente Revolucionario de Artesanas y Artesanos de Venezuela)

Capitulo Mérida / Colectivo Cimarrón de Zulia / Colectivo Oko de Quibor / Estudiantes del IALA (Instituto Latinoamericano de Agroecología "Paulo Freire") de Barinas / Colectivos, Organizaciones y Movimientos Sociales Venezolanos que hacemos parte de la Red Nacional de Guardianes de Semillas de Venezuela.

Internationals:

United African Alliance Community Center of Tanzania / Africa Mother's Foundation of Kenya / Kenya Debt Relief Network / Sarvodaya Shramadana Movement of Sri Lanka / Charlotte O'Neal (Black Panthers) of USA / Ecosocialist Horizons of USA / Pueblos en Camino of Puebla, México / CODEPANAL (Comisión de Defensa del Patrimonio Nacional) of Bolivia / Red Universitaria de Ambiente y Salud—Médicos de Pueblos Fumigados, of Argentina / Las y los Liberadores de Uma Kiwe, Norte del Cauca, of Colombia Guaja / Monte Carmelo, Sanare, Lara, Bolivarian Republic of Venezuela

Guaja / Monte Carmelo, Sanare, Lara
Bolivarian Republic of Venezuela
October 28, 2016

SUPPORT
The Bolivarian Government of Venezuela

ADHERENTS
Locals (Monte Carmelo y Sanare, Lara):

Baquianos del Conocimiento de Monte Carmelo / Panadería La Campesina de Bojo / Asociación de Productores Agroecológicos El Alto de Guarico / Comuna Socialista Sueño de Bolívar / Comuna Kiriwa / Comuna Caimán de Sanare / Comuna Asunción Piñero / Comuna Argimiro Gabaldon / Comuna Un Nuevo Amanecer del Guaical / Comuna Pingano / Comuna Jirajara / Comuna en construcción Santiago Hernández / Comuna Ezequiel Zamora / Comuna Las Quebraditas / Comuna Ciudad de Angostura / Comuna Albarical / Comuna Gran Sabana / Comuna en construcción Miraflores Unidos / Coordinación de Educación del Municipio Andrés Eloy Blanco con todas sus Escuelas y Liceos / Misión Sucre, Misión Robinson y Misión Rivas de AEB / Universidad Politécnica Territorial Andrés Eloy Blanco / Universidad Campesina de Venezuela Argimiro Gabaldon / Red de Escuelas Agroecológicas Ezequiel Zamora

Nationals (Venezuela):

Programa Todas las Manos a la Siembra / Movimiento Todas las Manos a la Siembra / Movimiento Pedagógico Revolucionario / Zona Educativa de Lara / Colectivo Ecosocialista "Chávez Vive" / ASGDRE (Alianza Sexo-Genero Diversa Revolucionaria) / Sistema de Trueke Guatopori Guaicaipuro de Los Teques, Miranda / Trueke Tinaquillo de Cojedes / Sistema de Trueke Kirikire de Los Valles del Tuy, Miranda / Colectivo Maestras Cimarronas de Veroes, Yaracuy / Colectivo ArteBrisa de Mérida / Danza Teatro "Poco a Poco" de El Tocuyo, Lara / Fundación Bosque Macuto de Barquisimeto, Lara / Frente de Resistencia Ecológica de Zulia / Colectivo "La Mancha" / Trenzas Insurgentes (Colectivo de Mujeres Negras, Afrovenezolanas, Afrodescendientes) de Caracas / Circulo de Hombres de Caracas / Colectivo INDIA (Instituto de Investigación y Defensa Integral Autogestionaria) de Caracas / Plataforma Socialista "Golpe de Timón" de Carabobo / A.C. Portavoces del Ambiente (Producción Audiovisual Ambiental) de Cabudare, Lara / Comuna Padre Juan Bautista Briceño, Parroquia Trinidad Samuel (Rural), Municipio Bolivariano G/D Pedro Leon Torres, Lara / Cooperativa El Sabor de mi Tierra Margariteña 321 R.L. de Nueva Esparta / A.C. Tierras y Hombres Libres (Agricultores Ecologistas Ambientalistas) el Vallecito, Mérida / UPF La Granjita del Nono de El Salado, Ejido, Mérida / Centro Nacional de Conservación de los Recursos Fitogenéticos de Maracay, Aragua, Dirección General de Diversidad Biológica, Ministerio del Poder Popular para Ecosocialismo y Aguas / MORAHC (Movimiento de Organizaciones Revolucionarias Ambientalistas y Humanistas de Caricuao) / Colectivo Socioambiental Marahuaka de Caracas / Fundación Reyes de Corazón de Caracas

Internationals:

La Terre Institute for Community and Ecology (New Orleans, USA) / a new black arts movement (USA) / Urban Art Beat (USA) / Commusaic (Belgium) / the c.i.p.h.e.r. (Belgium, Netherlands, Germany, Uganda, Tanzania, Kenya) / Health of Mother Earth Foundation (Nigeria) / Kebetkache Women Development Centre (Nigeria) / Peoples Advancement Centre (Nigeria) / No REDD in Africa Network / Justicia Ambiental (Friends of the Earth, Mozambique) / Young Christians in Action for Development (Togo) / WorldBeat Cultural Center (San Diego, USA) / Nile Valley Aquaponics (Kansas City, USA) / Institute for Postmodern Development in China / Afrika Global Network / Afro Yaqui Music Collective (USA) / Kalpulli Turtle Island Multiversity (USA) / Djuwadi Prints (Indonesia) / Survive Garage (Indonesia) / Taring Padi (Indonesia) / Resistance in Brooklyn (USA) / Wholistic Art (USA) / Venezuela Solidarity Committee—Seeds of Solidarity (USA) / Climate Justice Project (USA) / Amandla! Collective (South Africa) /

Initiative Ökosozialismus (Germany) / Cooperation Jackson (USA) / Mesopotamian Ecology Movement (North Kurdistan—Bakur) / Committees of Correspondence for Democracy and Socialism (USA) / Thomas Merton Center (USA) / Community Change Africa / International Fellowship of Reconciliation / War Resisters International / International Peace Research Association / Woodstock Social Justice Initiative (USA) / Kalpavriksh Environment Action Group (India) / Labor/Community Strategy Center (USA)

PRIMERA INTERNACIONAL
ECOSOCIALISTA

Entretejiéndonos
a la Madre Tierra

Cumbe de Veroes, Yaracuy, República Bolivariana de Venezuela
31 de Octubre al 3 de Noviembre de 2017

The First Ecosocialist International

Weaving Ourselves to Mother Earth

October 31–November 3, 2017, Cumbe of Veroes, Bolivarian Republic of Venezuela

It has been one year since "The Calling of the Spirits" in Monte Carmelo, Lara, when, with spirited minds and seeds in our hearts, we initiated a convocation titled "The Cry of Mother Earth." Those who responded to this cry are now here: around one hundred people from nineteen countries and five continents, twelve original peoples from Our America, and ecosocialist activists from fourteen states of Venezuela. We are here in the Cumbe* of Veroes, cradled in the enchanted mountains of Yaracuy, where the guardian goddess of nature lives. From October 31 until today, November 3, 2017, we have done the work demanded of us:

---

* Cumbe: A territory of resistance dedicated to an intercultural way of life; a form of organization, production and insurgency pioneered by maroons, who escaped slavery and built alternative societies based on ancestral principles of solidarity and reciprocity and not on competition.

the articulation of a combined strategy and plan of action for the salvation of Mother Earth.

We have made the decision and the collective commitment to constitute the First Ecosocialist International: To reverse the destructive process of capitalism; to return to our origins and recuperate the ancestral spirituality of humanity; to live in peace, and end war.

We recognize that we are only a small part of a spiral of spirals, which has the profound intention to expand and include others until all of us are rewoven with Mother Earth; to restore harmony within us, between us, and among all the other sister beings of nature.

The First Ecosocialist International is not just another meeting or another conference of intellectuals to define ecosocialism. We believe that ecosocialism will define itself to the extent that it is reflected and conceptualized in praxis, based on what we do and what we are. Nor is the First Ecosocialist International a single organization or a rubber stamp in constant danger of becoming a bureaucracy. It is a common program of struggle, with moments of encounter and exchange, which anyone may join, by committing themselves to fulfilling one or more of the various actions agreed upon here in order to relieve our Mother Earth. No person or process can be owner or protagonist of that which is done and achieved collectively.

We invite all peoples, movements, organizations, collectives, and beings in the world to join the First Ecosocialist International and to undertake the collective construction of a program for the salvation of Mother Earth. By restoring a lost spirituality we may arrive at a new one—a new and sometimes ancient ecosocialist ethic, sacred and irreverent, fed by the sun of conscience. We are recreating our spirituality with a new imagination and a new heartbeat, which may carry us to unity and diversity. The understanding and practice of this new spirituality will have the power to repel empire and capitalism, which are powered by greed, and it will be able to strengthen our peoples and cultures, which are conditioned by necessities. Because right now we are not living—we are merely surviving. We confront a dilemma: restore life or lead it to extinction. We must choose.

We don't have any doubts. We are radicals; we shall return to our roots and our original ways; we shall see the past not only as a point of departure but also as a point of arrival.

A collective birth towards a loving upbringing—we are an immortal embryo . . . Let's dream, and act, without sleeping!

Combined Strategy and Plan of Action

s daughters and sons of Mother Earth and of the Commanding People, we had concluded in the preparatory process, as we wrote clearly in the call to this First Ecosocialist International, *"The social relation of greed—for which there are too many people and not enough planet for the accumulation of profits to continue—has generated a global crisis. A total war against life has been launched in order to eliminate the surplus and to control the scarcity that this social relation have falsely conceived."* (*The Cry of Mother Earth*, 2016) Those of us who responded to the Cry of Mother Earth know and understand that in reality the only surplus is this system, and that what is lacking is neither an alternative to this system nor the necessity of creating another possible world nor new models but rather recognition that we are the original model. They have cheated and confused us, made us dizzy, and imposed their counter-model, their alternative to our ways of living based on ancestral principles and practices, which those of us here either never lost or are in the process of reclaiming.

Based on this, and on the transformative actions of the organizations, collectives, and movements that form part of the First Ecosocialist International by adhering to its plan of action, we shall first of all listen to and accompany the struggles of the original peoples of the five continents of the world, in the recuperation of their ancestral lands, cultures, and spiritualities, recognizing them as our elder sisters and brothers, as our highest teachers, and as the first and original ecosocialists in the world. We are fully conscious that our best way to imagine a future thousands of years ahead is to return to the paths humanity has been walking for thousands of years. For this reason, many of the actions contained in this plan are framed in this context.

The earth receives heat from the sun and should return a part of this heat through the atmosphere. But due to the greenhouse gases produced by big capital, such as carbon dioxide and methane, this heat cannot dissipate, and the resulting warming causes the melting of the poles. Many parts of the South Pole have melted, causing the deaths of many species, and the disappearance of Arctic ice causes accelerated warming, as the ice that reflects a great deal of the sun's heat shrinks. With the thawing of the tundra and the North Pole, methane is being released, and if it continues to escape it will cause an irreversible catastrophe. There are corporations who are happy about this warming, because they want to exploit these areas for oil.

Global warming is causing an increase in the number of hurricanes, tornadoes, and other extreme weather events, and has caused floods and the melting of glaciers worldwide. In the Cordillera of the Andes the springs are drying out and the rivers become ever shallower, affecting the surrounding populations and their ecosystems. Another example is Lake Titicaca, which receives water from various rivers, and the river called Desaguadero which drains from it. This river carries water from Lake Titicaca to Lake Poopo, which has almost completely disappeared; and all over the world there are lakes that will probably disappear. The situation of ecosystems in general is alarming, and for this reason many of the actions contained in this plan are directed towards reversing this situation. We must fight the capitalist enterprises which are causing global warming.

If the situation of Mother Earth is grave in relation to losses in the biosphere, it is equally so in relation to the losses in the ethnosphere. The cultural diversity of the symbolic systems in which the cultures, myths, legends, oral traditions, and songs of many peoples are encoded is today under grave threat at the hands of a hegemonic globalization, and the cultural imposition of patriarchal and anthropocentric Western modernity, which loots, dominates, and destroys life. With the certainty that there are other ways of thinking and feeling, other intellectual and spiritual beliefs and ways of relating to our Mother Earth, we define here many collective actions focused on resolving this desolate panorama.

As members of grassroots organizations who form parts of the First Ecosocialist International, who are opposed to the domination which confronts us in competition and war, we propose to accompany with strength and true relationships the anti-colonial and anti-imperialist struggles that the peoples of the world fight. We are putting ourselves at the service of their recognition and liberation so that their words may move the solidarity of nations. Thus we shall speak and teach the truth about the empire and capitalism, which destroy life; we shall remove their disguises so we can recognize and identify them as our enemies. Ecosocialism symbolizes insurgency and love, it is spiritual, pluricultural, and multiethnic, and it teaches decolonization and anti-imperialism. In this spirit we have outlined at the end of this document a Route of Struggle, where several actions and encounters are proposed to carry this out this plan.

The logic of the system which murders life is cunning; it robs us to feed itself and disguises itself to continue existing. To escape from this logic and its ability to constantly recycle itself, we have decided to adopt a pluricosmovisionary perspective.*

We invite everyone who believes in this dream, and who walk their talk to achieve it, to commit themselves to the fulfillment of this plan. Let us do this on the foundation of

---

* Pluricosmovisionary: A plurality of visions of the cosmos; a perspective which goes beyond the "multidisciplinary" or the "transdisciplinary," which combine the perspectives of various disciplines but within the same western and academic epistemology.

the heroic resistance of our peoples, who have kept alive their old ways, their native forests, and their sources of clean water. Let us do it with our own seeds and our ancestral cosmovisions, without poisons or patrons!

We have organized our proposals among the five elements: Aether, Water, Earth, Fire, and Air, interwoven into the spirit, the milk, the body, the energy and the voice of Mother Earth, harvesting our ancestral cultures so that they may be dispersed as seeds throughout the four sacred directions of the world.

These actions are proposed for a time of struggle in the short term, a time of construction in the medium term, and a time of utopia in the long term, understanding the long term as approximately five hundred years, or a Pachakutik (an era in the Aymara calendar).

ICEBERG MODEL of CAPITALIST PATRIARCHAL ECONOMIES

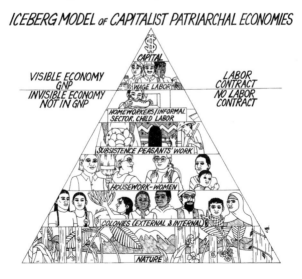

Aether

THE SPIRIT OF MOTHER EARTH

Strategies and actions to reclaim control of our cultures, models of civilization, and ancestral cosmovisions

We set out to question, reformulate, and redefine the symbolic meanings that the alienating development model of transnational capitalist modernity has imposed on Mother Earth and on our relation to her. Our ancestral cultures have their own meanings, whose vision of nature is a holistic and ecological ensemble; a wholesomeness composed of living beings who are interrelated, interdependent, complementary, and in solidarity with each other. We are conscious of these interrelationships, and we propose as a people that the horizon of civilization and life shall be based on caring for nature. We oppose all aggression towards any of nature's beings, because any such aggression is an attack against life itself and ultimately an attack against ourselves.

SHORT TERM
Anti-colonial and anti-imperialist struggles

- We commit ourselves first of all to weave ourselves into the diverse struggles of the original peoples of the five continents to reclaim and demarcate their lands and territories. We understand that, in their cosmovisions, the land forms an indissoluble part of their cultural identity. Their ancestral traditions, their sacred sites, and their

sovereignty over their lands must be respected. To guarantee this, the expulsion of transnational corporations, paramilitary groups, and landowning mafias is required. In the case of Venezuela, the demarcation of the lands of the indigenous peoples of the Sierra de Perija is still not complete, and the struggle continues to detain the plans for mega-mining and coal-burning electric plants, which popular mobilization and Comandante Chávez had brought to a halt. We will also lead the reclamation of urban lands for decolonization.

- We recognize the struggle of the Lakota people—as an example of dignity and anti-colonial and anti-imperialist resistance, which leads the way in unceasing insurgency—towards the recognition of their culture, their forms of life, and their ancestral land, in conflict with the transnational oil corporations which seek to dispossess this original nation. We call for solidarity and unity in this struggle against their historic enemy, in the process of reclaiming their lands, and for the development of initiatives involving the social movements of the world and the other original peoples of the continent. Thus we seek to fulfill the ancient prophecy of the union of the eagle and the condor.

- We accept our responsibility to recuperate, to study, and to halt the loss of the original languages of the world, because in these languages are the codes which our ancestors left us as their legacy. In these languages many ways of protecting life are encrypted. When we rescue the linguistic niches that are in danger of being lost, we also rescue our original cultures. With these we will construct our own meanings together with all our peoples, in order to fight the alienation of the international capitalist development model and its side effects. It is our duty to recuperate our linguistic sovereignty, in all the aspects in which this may be expressed. It is true that this is a long-term task, and precisely because it will take a long time, it is the first which must be initiated in the short term.

- We will actively support the Indigenous Governing Council and its spokeswoman Marichuy (María de Jesús Patricio Martínez) not only in the campaign for the presidency of Mexico in June 2018, but in their permanent struggle for organization, for the deepening of consciousness, and for the construction of autonomy.

MEDIUM TERM

Recovery of historical memory / Hip hop and other manifestations of inclusive art / Pluricosmovisionary perspectives / Rights of Mother Earth / Decolonization of thought / Reconfiguration of indigenous nations

- We will spread the wisdom of the People's Teachers (also known as Living Books) and reclaim oral traditions. The concept of People's Teachers ("Maestro/Maestra Pueblo") is used in Venezuela to redeem those non-academic teachers whose wisdom and ancestral knowledges are not based on formal institutional recognitions, but on experiential and symbolic knowledge, based on praxis.

- We will foster participative and protagonistic research by teachers, communities, and children, about our ancestral knowledges, in order to transmit this knowledge to other children, adolescents, and teachers.

- We will recollect the ancestral cuisine of each territory, based on the memories of grandparents, and return it to our schools and communities as recipe books. We will use these books in our schools and communities to feed ourselves with the production of small farmers, re-inventing the traditional gastronomy of our territories and ensuring that local culture is not lost.

- We will recover, promote, and reclaim our ancestral African values, along with their aesthetics (for example *luango* hairstyles) in all of the global African diaspora. We will also pursue this in relation to the cultural identities of all the indigenous and original peoples of the five continents. We commit ourselves to transmitting these values and aesthetics to future generations, using multiple strategies of communication.

- We will use the musical, artistic, cultural, and spiritual power of the hip hop movement, as one of the voices of Mother Earth, to reach higher levels of ecological consciousness, and to reclaim our ancestral cultures. We will work to incorporate it into the curricula of all the different educational systems in the world.

- We will support with all of our commitment as daughters and sons of Mother Earth, to include in the new constitution of the Bolivarian Republic of Venezuela a chapter which consecrates the Rights of Mother Earth, and everything which forms part of her, such as water. Mother Earth is a living being with rights; as a mother, as a sacred space, and thus as a subject of dignity, love, respect, and protection. To this end we will engage in struggles, debates, conversations, information and communication campaigns, demonstrations and marches, with the goal of generating the pressures necessary to consolidate our purpose. We propose to do the same in the constitutions of all the countries of the world. We propose as well to no longer use the word "resource" to refer to nature or human beings.
- We will construct solidarity through communality and voluntary service—walking cultural, spiritual, gastronomical, and musical pathways in all directions of the world.
- Department of the Rainbow of Wisdom: We will promote the creation of schools for open wings and open classrooms. Through multi-ethnic arts, these schools will foster the liberation, education, and decolonization of the senses of our children, adolescents, and teachers, and will grow to include all places, persons, and methodologies based on ecosocialist ethics.
- We will critically reflect upon ourselves to decolonize our culture and knowledge. In the case of Venezuela, we will overcome the parasitism of our revolution and fortify the organizational autonomy of the communal councils,

cooperatives, and communes, with the goal of converging towards the greatest community: the universal commune!

- In the medium term, but in relation to the actions put forward in the short term, we will create alliances to protect all peoples and cultures in struggle and resistance.

LONG TERM

The collective construction of knowledge / Transcultural art / Ancestral knowledge as a mirror of the past in the future / The spiritual identity of the planet

- We will hear and answer the calling of true spiritual sisterhood and brotherhood; recovering through love the connections between mind, spirit, heart and body.
- In the long term, in relation to peoples in struggle, we will achieve a return to the beginning, when all were one.
- We will return to our ancestral and spiritual identities, whatever they may be, in order to form and inform our present and future.

Water
THE MILK OF MOTHER EARTH

Strategies and actions to reclaim the management
of our water and other common goods

We question and problematize the development model of transnational capitalism. It is the cause of the destruction of nature and the alienating deterioration of humanity's harmonious relationship with Mother Earth. It is causing global warming due to emissions of greenhouse gases, and it is causing the scarcity of water due to its use in industrial agriculture and mining.

Our model or horizon of life and civilization is with the original indigenous cultures of Our America, which share philosophical principles with all the original peoples of the rest of the world. Our model of civilization in Venezuela is at least fifteen thousand years old. The original communities and civilizations of Bolivia and Peru are between twenty and thirty thousand years old, as are the original peoples all over the world.

We uphold the wisdom of solidarity, the mandate of horizontal collectivity, and the rotation of responsibilities. This horizon of civilization is part of our culture and forms the base of the ecosocialist constitutional model that we want for ourselves. With this we will replace the capitalist model which seeks to continue dominating us by making us dependent on its products, technologies, and forms of organization and decision making.

SHORT TERM

Anti-corporate struggles / Anti-extractivist struggles / Pollution

- We recognize the vital and spiritual role of water in our lives: Water is an inheritance that we must protect. All life has the right to water. We recognize the importance of guaranteeing and assuring its protection through constituent processes in all countries, and through constitutions and public legislation that prohibit the pollution, privatization, appropriation, and commercialization of any part of the water cycle. Therefore we propose:
  1. In the case of Venezuela, the new constitution must clearly establish that the consent and approval of peoples and communities shall be required for any decision which may affect, pollute, divert, or interrupt any aspect of the water cycle (surface water, ground water, rainwater, potable water, gray water, etc.). Criteria to reach this consent include first of all the participation of all actors without any exclusion, giving absolute priority to the affected communities, and in second place to the state, in taking decisions about the construction of dams, channeling of rivers, construction of aqueducts, canals, and other water infrastructure. For example, Article 47 of the Mining Law is insufficient to critically evaluate and prevent the contamination of the Orinoco watershed and other watersheds, which could be caused in the Arco Minero and the Orinoco Petroleum Belt, not to mention the extensive livestock industry, indiscriminate logging, and the wastewater that big cities produce, among other examples.

2. All over the world, private corporations such as Coca-Cola, Pepsi, and Polar, among others, appropriate and commercialize water. We require legislations which prohibit this, based on the notion that water is a common good of humanity and all other species.

- We will organize ourselves internally as peoples and communities to confront development projects such as coal-fired power plants and mining. We will establish joint responsibility between original peoples and the state in all decisions, respecting and obeying the rights of the Pachamama, and the cosmovisions and cultural patrimony of indigenous peoples.

MEDIUM TERM

Guardians of water / Access, quality and storage of water / The conservation of watersheds, mangroves, wetlands, rivers, oceans, lakes, glaciers, and other bodies of water / Water in cities

- We will work to make visible to the world the achievement of ten years of struggle of the revolutionary environmentalist movement of Venezuela in its real and important dimension: the decree, on the Day of Water this year of 2017, establishing the Caura National Park, the largest national park of tropical forest in the world, and the second largest in size, with 7,532,952 hectares, which represents 8 percent of the national territory, and constitutes the largest protected reservoir of carbon and the largest protected producer of oxygen in the world.
- We will organize ourselves in communities to make maps of our territories, in which we will locate:

1. Our wise elders, the People's Teachers and Living Books who inhabit our watersheds; our grandmothers who preserve memory.

2. With their help, we will map the watercourses; the rivers, lagoons, springs, and wetlands. We will locate which ones are alive in order to protect them, and which ones have been lost in order to rescue them. We will reintroduce and protect the species of flora and fauna that our grandparents remember living in those places, which are vital parts of the water cycle.

3. We will identify in our watersheds all the organizations and institutions involved in the protection of nature, and we will organize ourselves in communities to defend our rivers. We will also include in these maps sacred sites and the trails of wild animals.

4. We will identify on these maps the families and/or agribusiness transnationals that maintain monocultures and use agrochemicals which contaminate the water, in order to collectively question as communities the causes and effects of this model, and to share knowledges, technologies, and techniques which will allow us to return to the original models of agriculture in harmony with nature.

5. We will identify on these maps the zones of logging and we will organize ourselves to stop it.

6. We will identify on these maps the enterprises of national or transnational capital; the means of communication, the organizations, institutions and actors (armed, foreign, military, religious, visiting, etc.), who have appropriated and are commercializing our surface

water, groundwater, or rainwater. We will also map the national laws that permit this.

7. We will map the infrastructure related to potable water and gray water, along with the process of deposition in our water of industrial and human residues.

8. We will organize ourselves in communities to order the use of territory in our watersheds: steep inclines to be reforested with trees, flat areas for protecting cultivation, etc.

9. Equally, we will identify our productive capacities: we know that we are not monoproducers and that with *trueke* [barter] we can break our dependence on money.

- We question the concentration of population in cities and the engineering, habits, and way of life associated with it. These include the indiscriminate and irrational use of potable water in daily life, its waste and squandering through inappropriate habits, its contamination with detergents and with human excrement and urine which generates wastewater. In the case of Venezuela, the model which the state is using to build new housing aggravates the problem of water, because it repeats and induces this model. Therefore we propose:

1. We will conduct local and regional workshops to teach about water management and the uses of human excrement and urine for agriculture.

2. We commit ourselves to registering, measuring, projecting, and systematizing the amount of water we waste and contaminate in our daily lives, and to investigating technologies and solutions that we can apply.

3. It is urgent at the level of the community and at the level of the state to develop new technologies that tackle the irrational use of potable water in homes, schools, urban planning, state buildings, etc. Therefore we have decided to organize ourselves into Maroon Committees of Science and Technology, to question this situation and incorporate technologies such as the "productive houses" of Fruto Vivas, composting toilets, biodigesters, collection centers, living filters, the use of black metal sheets to evaporate urine, along with other technologies to improve the standards of potable water for human consumption in all our communities. We call upon the state to incorporate water-conserving technologies into their buildings.

- We will support all the necessary actions towards the goal of making the rivers of the state of Yaracuy, where the First Ecosocialist International was realized, once again navigable and reversing the process of their contamination.

LONG TERM

The belief in the return of clear water / The restoration of paradise on earth

- The rivers, oceans, lakes, and all other bodies of water in the world will once again be completely decontaminated and de-acidified, and it will be as it was in the beginning when life began in the water.
- The rivers, oceans, lakes, and all other bodies of water in the world will be navigable once again, as they were in the beginning; communicating between different territories and socio-bioregions. In the case of South America, the watersheds of the Orinoco, the Amazon and La Plata will be reunited, and the rivers which compose them will allow reconnection and peace in the interior of the Great Mother and Fatherlands.

Earth
THE BODY OF MOTHER EARTH

Strategies and actions to reclaim
management of our food and health

e will not leave food sovereignty only in the hands of the state; rather we will take responsibility for it as communities. We will preserve the culture of the *conuco*, based on its carriers—*conuqueros* and *conuqueras*—and based on the conuco itself.* The conuco is not only a form of production based on polycultures and social property, but also a model of civilization. In the conuco we care for the soil, the water, the seeds and embryos, and we pass them on to new generations. With the conuco we safeguard our own forms of production, germination, distribution, processing, cuisine and seed saving (with sunlight, breeze, salt, clay, smoke, ash, etc.), and we also provide for animal protein (chickens, turkeys, ducks, pigs, rabbits, etc.) and donkeys for transportation. The conuco is not backwards. We promote *conuconsciousness*, or consciousness of the conuco, in all the expressions and translations it has in the different ancestral cultures of Mother Earth. Along with native, indigenous, and campesino seeds, we will also

---

* The *conuco* is the ancestral mode of production developed by indigenous people in Venezuela. It corresponds to the words for similar indigenous socio-productive forms such as the *allyu* (in Bolivia), the *chacra* (in Argentina), and the *milpa* and *chinampa* (in Mexico), among many others.

sow the seeds of solidarity and care for them until harvest, practicing this with everyone at all moments and all places.

SHORT TERM

Anticonsumerist struggles / Struggles against genetically modified organisms (GMOs) / Pollution / Medical militias

- We will foster hard-hitting information campaigns about the negative and problematic social and environmental effects generated by the use of genetically modified organisms (GMOs) and agrochemicals. We will promote debates, conversations and assemblies in both rural and urban communities, in schools, universities, workplaces, and beyond.
- We will design and promote communication campaigns in the five continents about the reclamation and revaluation of the ancestral kitchen. We will take note of the conscious uses and customs of our grandparents, the nutritional, spiritual, symbolic, and healing properties of what they consumed, along with how much. These campaigns will be conducted through social networks, infographics, murals, graffiti, literary creations, newspaper-murals, magazines, and radio spots, among other audiovisual media.
- We will create an education and consciousness raising campaign in schools to minimize the negative effects on the environment of the indiscriminate use of disposable plastics. We will also promote the creation of legal instruments such as laws and decrees, which regulate and limit the use of plastic in our territories.
- We will implement and realize workdays of mutual aid, *kayapa*, and *trueke*, as strategies to cultivate ancestral

customs, and to build the community, solidarity and shared responsibility necessary for good life (*buen vivir*). *Trueke* can be translated literally as "barter," but beyond this it is a social movement in Venezuela built around anti-capitalist and anti-colonialist visions of eliminating money and returning to the ancestral mode of production, consumption, and distribution. *Kayapa* is a term which designates an indigenous form of shared labor and collective effort, by which the community is gathered to plant or harvest or clear a neighboring road, etc., bearing always in mind assistance for most needy or incapacitated; an exchange of services with solidarity and without monetary compensations.

- We will work to transmit and multiply the experience of the creation of the anti-GMO and anti-patent Popular Seed Law of Venezuela, which protects local, indigenous, afro-descendant, and campesino seeds in their diverse territories, and considers the seed as the foundation of life, sovereignty, and liberty. We find it necessary to spread the word about this experience, in conversation, in print, on screen, and beyond.

- The movements and organizations who together form parts of the First Ecosocialist International collectively adhere to the intercontinental alliance against the transnational agribusiness corporations, led by MonBayer (Monsanto and Bayer), enemies of life on the planet. We will move in solidarity with the peoples most affected by these poisons, such as the archipelago of Hawai'i (Kanaka Maoli) where an extremely high percentage of GMOs are produced, and where there is an advanced struggle towards the definitive defeat of biopiracy, at the hands of the organized and mobilized peoples of the world.

- We will create medical militias, made up of contingents of traditional healers, midwives, nurses, community doctors, and *conuqueros*; the wise, the old, People's Teachers, shamans, people who are Living Books, and others who thread together knowledges and practices that promote the self-management of medicine in our communities.

MEDIUM TERM

Guardians of Seeds / Reclaiming of the conuco, the chacra, the allyu, the chinampa, and other forms of the original agriculture / Food security and sovereignty / Agroecology / Forest and mountain conservation / Solid waste management / Healthy eating / Holistic community medicines / Mental health

- We will support and bring to light the work of seed savers in all their diverse territorial realities, committing ourselves to their recognition as the ultimate defenders of our cultural and nutritional sovereignty and identity. We will promote their self-organization into popular councils for the protection of the seeds of local, indigenous, afro-descendant, and small-holding farmers throughout the length and breadth of Mother Earth. These councils shall act as stitches in a strategic weave for the care, multiplication, and dissemination of seeds. In the case of Venezuela, we will strive for the constitutional recognition of these councils as supreme autonomous organizations, charged with the right and the duty to give continuity to our Popular Seed Law, an instrument backed up by grassroots movements not only in Venezuela but also in Ecuador and Bolivia. This law and alliance shall serve as a universal reference to support and motivate struggles and initiatives of our sister and brother countries.

- In all of our territories, in our communities, schools, universities, social organizations, and other spaces, we will realize and inspire local investigations about native plants and seeds: their protection and conservation, the ancestral technologies for sowing, multiplying, and protecting them; their properties as foods and medicines; and how to process and use them while respecting ancestral cosmovisions.

- We will increase the planting of local plants free of GMOs, patents or agrochemicals, according to the diverse realities of our territories. We will preserve, conserve and multiply their seeds through conucos/chacras/allyus etc., through all farms and urban gardens, as spaces which promote them.

- We will carry out programs of production, distribution, and utilization of organic agricultural inputs, starting from the collection of organic wastes in urban and rural communities. Through the diffusion and formation of techniques for the holistic and ecological management of productive spaces, we will also revalorize and reclaim our ancestry.

- We will bring about the decriminalization of all the sacred plants, for their uses in foods and medicines, so that they will no longer be marginalized. In this way we will undercut the policies and politics serving the transnational pharmaceutical industries which criminalize, displace, or patent these plants. We shall recover our ancestral and traditional medicines, knowledges, methods, and practices, and include them in all public and private health centers, with training and practice programs. We will promote legislation in favor of ancestral and natural medicines, which permit their recognition, revaluation and application, which decriminalize their uses, and which prohibit the patenting of collective knowledges.

- We will foster the original model of the Latin American Institute of Agroecology "Paulo Freire," as a strategy for training rural social movements in agroecology, and adapt and replicate it throughout the other continents of the world. At the Latin American Institute of Agroecology, members of rural social movements from Venezuela and other countries of Latin America come to study, with the commitment to return to their countries and movements once they have graduated to share their knowledge.

- We will make known the advances and experiences of institutional or community natural park guards who are sensitive to ecosocialism, who have worked to make protected areas into ecologically productive spaces, and who promote a new conception and perception of these protected areas; with the goal of transforming them from commodities for predatory tourism only for human enjoyment, into spaces of coexistence and a new socio-territorial order without divisions.

- We will foster the multiplication on all the continents of the politics implemented by the Latin American School of Medicine "Dr. Salvador Allende." These shall serve as universal spaces to teach holistic medicine. This practice will be based on ancestral cosmovisions such as indigenous, traditional Chinese, and Ayurvedic medicine, where we recognize and take responsibility for the sacred and indivisible links between life-giving seeds, foods, and medicines. We will build this practice through alliances among the diverse organizations struggling for the self-management of health, and connections between those who sustain life in all the cardinal points of our planet.

- We understand that just like Mother Earth, we human beings too are contaminated. Therefore we will foster and uplift the exchange and sharing of knowledges about ancestral and millenarian techniques that may help us to find internal peace and harmony. We will do this as individuals and collectives, without implying any economic benefit for the people who have a mastery of these knowledges.
- We will strengthen and continue to promote the experiences we have consolidated (spirals of urban family production, trueke systems, and Occupy, among others) which inspire autonomous practices based on ancestral cultures, and which have a positive influence on individual and collective mental health. These practices are healing because they promote healthier relationships between human beings and Mother Earth based on the reality of what we are, generating solutions from the micro to the macro and reconstructing a great transformative and pluricosmovisionary quilt. Thus we shall transform ourselves and our world through concrete and interconnected examples, which will open cracks in the great fraud of the disassociating capitalist society in which we are submerged.
- Through spaces like farmers' markets and others, we will promote healthy, local, tasty, and sovereign nutrition. We will work in everyday places like schools, communities, universities, parks, plazas, and workspaces, to facilitate the sharing, multiplication, and demonstration of popular and ancestral knowledges of native cuisine.

- Around the world, between the Tropic of Cancer and the Tropic of Capricorn, we will plant *moringa oleifera, amaranthus,* and *phylanthum niruri,* towards the harvest of sovereignty over our food and medicine.
- We will sequester the excess of atmospheric carbon with plans for a planetary planting. We will investigate the plants and techniques which have the highest carbon-sequestration properties, and we will sow and apply them; from planting trees to tossing seed balls, according to the respective social and ecological conditions of our territories.
- We will design and establish forest gardens, according to the diverse territories and realities that will allow us to guarantee food, oxygen, and the recovery of native seeds and animals.

LONG TERM

The reflection of natural ancestral medicine into the future / Rehumanized health / Nutritional identities of everyone who lives well in every territory

- We will reestablish the ancestral forms of social life and the optimum levels of organization which make a good life possible, such as the conuco, the milpa, and the chacra, among other ways of life and production. We will develop their full potentials, towards the construction of cosmic communities, overcoming at last the effects of the propaganda and indoctrination imposed by the cultural norms of capitalism.

Fire

THE ENERGY OF MOTHER EARTH

Strategies and actions to reclaim our economies
of mutual aid, our ecologically and socially
appropriate and appropriable technologies,
and our sources of renewable energy.

SHORT TERM

Anti-capitalist struggles / Anti-nuclear struggles

- We declare a special recognition of the people of Taria, Palmarejo, and Agua Negra, in the municipality of Veroes and the state of Yaracuy, in the Bolivarian Republic of Venezuela, as exemplars of ecosocialist practice.
- We will launch campaigns of information and concrete action all over the world against fracking and nuclear war, as they endanger Mother Earth, the human species, and all life.

MEDIUM TERM

*Trade unions / Trueke systems and solidarity economies /
Renewable energies and ecological technologies / Climate justice /
Cooperative industries / Migration to an ecosocialist economy*

- We will promote the radical transformation of trade unions, convoking them to lead from within, with organizational and economic strength, a global migration towards ecosocialism. In the first place, to divest from the extractivist economy of Wall Street, and to invest in solidarity economies, for example by supporting productive agroecology projects, cooperative industries, or enterprises of social property. Unions must also take responsibility for their principal role in the re-appropriation of social capital captured by the capitalist class and their transnational corporations.

- All over the world we will activate, spread, and consolidate systems of trueke—or solidarity exchanges, either by direct barter or with local tokens, but without the use of money—towards the free association of *prosumers* (conscious producers and consumers), for which the practices of original peoples and the experiences of trueke in Venezuela may serve as references. These systems have functioned as spaces of anti-consumerism, struggle, resistance, and recovery of the sense of community and identity, strengthening the bonds of friendship and decommodifying our lives. They have also served to revalorize and restore the spirituality of our ancestors, to rescue and multiply our seeds and embryos for organic agriculture, and to offer Mother Earth new spiritual economies of mutual aid, based on need and not on greed.

- We will create, develop and promote economies of solidarity which are explicitly anti-capitalist and based on ecology; the alternative socio-productive units which incorporate the principles agreed upon in this First Ecosocialist International, along with other systems, cooperatives, forms of production and ways of life. These will attend to human needs and not to the satisfaction of greed. They will not depend on the capitalist system, and they will be used as foundations for a migration to an ecosocialist economy. They will move us towards creating new ways of thinking and will undermine capital.

- We will foster the awakening of the peoples of the United States, the European Union, and other "developed" nations, that they may become conscious of their shared responsibility both to put an end to the system of death that endangers the human species, and to migrate towards a system in harmony with Mother Earth, which is none other than ecosocialism. This may be expressed in multiple and different ways. For instance they might better control those who govern them; they may demand from their governments the payment of economic reparations for the crimes of slavery and colonialism, for the wounds they have caused the world with their wars and with climate change, and for an ongoing genocide against Latin Americans and Africans, among others.

- We will advance an international and communitarian solar energy project, focused on collectively raising funds to finance three to four solar farms every year, between the organizations and communities who form part of the First Ecosocialist International.

- We will launch the creation of Universities of High Technology around the world, to develop the production of renewable energy, and to spread and share them with communities so that they may be reproduced. In the case of Venezuela, we request that the Bolivarian Republic restart the wind farms in Guajira and Paraguana which are already installed, for the empowerment of the "Sembrando Luz" (Sowing Light) program, using solar and wind energy. There is already enough human expertise in our countries necessary for these kinds of projects, and the context of economic warfare in which we live makes it all the more urgent to diversify the economy and develop alternatives to oil.

- We propose to the people and to the revolutionary government that Venezuela should lead a transition to 100 percent renewable energy in Latin America. Part of its oil may be used to implement an energy and technology system based on solar, wind, geothermal, and other energies. This initiative could guarantee a migration to ecosocialism and towards solar communism; to create a possible world which uses energy from the sun and other renewable sources without the negative impacts caused by fossil fuels. This could work as an initiative of cooperation between Venezuela, Bolivia, Ecuador, and Cuba, among others, including negotiations with China, and towards an exchange of oil for the provision of solar and wind technology. The purpose is not only to produce energy but to share it with other peoples.

LONG TERM

The reflection of ancestral communitarian socialism into the future / Economic autonomy and self-sufficiency at the territorial level

- We take responsibility for our utopia as an eternal journey, with stops and retreats; towards realizing the happiness which is possible in our dreams. We encounter ecosocialism in the aboriginal and ancestral peoples of humanity, in indigenous, afro-descendant, and campesino peoples.
- We will harvest the socialism of the twenty-first century and all centuries, until we arrive at a communism of the sun, wind, and water; receiving all spiritualities together, towards the defense of the common, and the free integration of languages and forms of exchange, without any loss of autonomy or originality. We will be united in diversity.

Air

THE VOICE OF MOTHER EARTH

Strategies and actions to reclaim the management
of our liberating education and communication, for
the defense of peace, rights, and living a good life

The rural woman has a fundamental role in cultural resistance, defending different models of life and ancestral agricultures, but the patriarchal mentality remains dominant. Therefore the anti-patriarchal training of men and women is vital, in order to pass on the culture of care for life. This must be carried out in our political practices and in our daily lives in order to eradicate the criminalization of our sisters and brothers who struggle for their rights as indigenous peoples and nations.

We will foster the transformation of the educational system from preschool to the doctorate level. As schools are an instrument of capital, we shall take responsibility for the debates about what is taught in them. We will transform education to create a new relationship with Mother Earth. This will be based on learning by doing, and learning by playing, without impositions of any kind. The teaching of ecosocialism to our daughters and sons, beginning with preschool, will be decisive in creating and proliferating community child-care centers as spaces for the socialization of new generations. These will be given an ecosocialist and collective character of nurturing, in the function of the good life of our peoples. This must be carried out towards the transformation of the productivist model which is promoted in all the schools of Venezuela and the world. We will decolonize ourselves.

SHORT TERM

Anti-patriarchal struggles / Anti-xenophobic struggles / Experiences of popular education and communication

- We will form circles of anti-patriarchal and pro-feminist women and men all over the world, who will gather in favor of harmony and equilibrium, towards horizontal equity and diversity, seeking the care of themselves and their relationships with others, with families, communities, peoples, territories and Mother Earth. These circles have the purpose of fighting against the destruction of life in our surroundings; including the violence against women, non-heterosexual, and gender-diverse peoples. These circles will also be spaces to promote care for sexual and reproductive health and to foster conversations directed towards creating new forms of thinking. These circles will promote anti-patriarchal fatherhoods and motherhoods, which imply shared responsibilities in unpaid housework and community work, based on a feminist and ecosocialist ethics of responsibility and care.
- We will continue the struggle for the liberation of political prisoners, wherever in the world they may be found.
- We will continue the construction of a school for the training of ecosocialist leaders/facilitators at the service of the other diplomacy (the understanding between peoples in harmony with Mother Earth). The purpose of this school is to make possible the viability of the Plan of Action and the Route of Struggle of the First Ecosocialist International. It

upholds as ethical principles: training based on the permanent exchange of experiences; entrusting ourselves to the ecosocialist collective, in opposition to capitalist individualism; and the implementation of self-management, self-reliance, and autonomy. This school will have fixed and mobile bases on the five continents. Its curriculum shall include: strengthening the roots and sense of belonging of its participants; the knowledge and the integration of the social movements of the world; the methodologies of liberatory popular education which empower the participation of the people (making their situations visible, so that their voice may be heard and listened to) and the use of multiple languages.

- We will foster indigenous curricula, which correspond to the essence of the human being more than to the atrophied colonial structures. These will recognize the existence of the knowledges that have preserved and conserved native seeds and the original agriculture, which redeem our ancestral cultures and knowledges, so that they may be passed on to our children and adolescents.

- We will promote the example of the Maestras Cimarronas (Maroon Teachers) of Veroes, who work on many projects of the Productive Socio-Cultural Calendar; towards the recollection and recovery of seeds, embryos, cuisines, crafts, dances, music, trueke and the *conuquero* school, the sowing of water and the reforestation of watersheds. The goal is to ensure the recovery of water in every part of the planet for ten generations ahead. All these projects are developed as pedagogical practices and instruments to enable the participation of children, families, and their schools. The Productive Socio-Cultural Calendar is a program of liberatory popular education developed over many years in Venezuela, which has facilitated diverse innovative pedagogical tools. Its curriculum is based on the knowledge of the community.

- We will promote and work to strengthen traditional schools, based on the exemplary experience of Mní Wičhóni Nakíčižiŋ Owáyawa, the Guardians of Water School of the Lakota people, and their work with children. The purity, ingenuity, and tenderness of children are elements that represent a lighthouse in the struggle against capitalism and its elements of domination, such as patriarchy. The process of training which we develop alongside our children constitutes a monumental responsibility which converts us into facilitators over the medium and long term to reach connections with the earth and the stars. These schools are based on ancestral knowledges of the original cultures, which are the guarantors of this historic cycle, towards the conformation of a new humanity.

- We recognize the work developed by the Taring Padi artist collective of Indonesia, which involves the children and families of rural and urban workers in visual arts. The graphic arts are converted into an engine for the liberation of consciousness. We believe in the importance of replicating these kinds of experiences in other parts of the world, as a tool and as training to confront and overcome violence. Given the importance of visual art as a tool of communication and training, we commit ourselves to the elaboration of illustrated materials for children and adults, which will reflect aspects of the cultural lives of our peoples; to share and spread their knowledges. With this perspective, we constitute ourselves into a team of companions in the First Ecosocialist International to elaborate and publish these materials.

- We have decided to unite and interweave our struggles into an alliance. Therefore:
    1. We unite for the salvation of Mother Earth. We will weave alliances to carry this information to every forum and encounter. The international delegates to the First Ecosocialist International in particular commit themselves to developing campaigns so that other sister and brother countries of the world may know about our collective plan of action.
    2. We will share our experiences nationally and internationally, based on each local context; opening everything we are discussing here into formation, information, diffusion, and communication, via email, a Wikipedia page about the First Ecosocialist International, social networks, websites, radio shows, printed publications, and others.
    3. We call for contributions to the journal *Lucha Indigena*, where a special section will be inaugurated dedicated to publishing the news about actions taken in the course of fulfilling the Plan of Action and the Route of Struggle of the First Ecosocialist International. News and analysis of the struggles of indigenous peoples and/or about ecosocialist actions may be sent to this email address: luchaindigena@gmail.com.
- We will make use of new technologies and social networks in order to maintain exchanges between us, with the goal of

sharing the information, skills, knowledges, struggles, and actions related to this plan. But above all we understand that the virtual does not substitute for the physical, and we will push for further meetings where we may experience the magic of encounter, as a space that makes nearness, eye contact, and mutual recognition possible.

MEDIUM TERM

Displacement / Political and climate refugees / Women / Peace militias / Social Movements

- We confront migratory processes caused by climate change, wars, aggressions, problems of political order, and more. We recognize the dispossessed, the victims of uprootedness, the political and climate refugees of the world, as new social actors and as potential revolutionary subjects of a new era. To attend to them and support them must be our priority, alongside other peoples in struggle. We believe that the elaboration of "maps of origin" may be helpful in developing a process of recuperation of identities, for preserving historic memory, for ethnic and territorial recognition, and for the strengthening of the spirit in the face of the suffering they experience at the hands of terrorism, the terminal stage of capitalism.

- We will promote the socialization and analysis of existing laws which pertain to the environment, water, soil, and beyond, which may help to activate organized collectives, empowering ourselves to become the guarantors of their application and accountability.

- We will work in all the territories of the planet towards a world where everyone may give birth and be born with love and pleasure, with respect and confidence, creating the legal and human conditions so that this sublime and primary act may be the most desired, sensed, loved, and cared-for moment. We will empower ourselves as mothers and fathers to decide how, when, where, and whether or not to have children. We will struggle for the rights of children and for the rights of women to a life free of obstetric violence. We will promote natural births in homes and support traditional midwives who accompany the bringing of new life into the world, favoring everyone's right to a good birth. We will encourage the recognition of the ancestral knowledge of midwives, and we will favor their inclusion into public legislations and constitutional texts. We will foster the creation of schools for natural birth in all the countries of the world.

- All adherents of the First Ecosocialist International who may have children commit ourselves to implementing this Plan of Action first within our own families. (We will teach our children the original languages of their territories; we will share unpaid housework equitably, etc.)

- We commit ourselves to advance in raising levels of consciousness; conforming ourselves into an instrument of mass education and a bridge between already existing radical projects and forces of economic and environmental justice. We will strive to make possible the greater interconnection of all sociopolitical organizations and movements with ecosocialist profiles via the First Ecosocialist International and its Plan of Action. We will act in interrelated and harmonious ways, as catalysts of new forces and initiatives, towards reaching economic, ecological, and climate justice in every country in the world.

- We will protect and promote wildlife, so that it may grow in abundance, without any perspective of economic benefit, as an indispensable condition for the recovery and restoration of Mother Earth.

- We will promote the training of the women of the world in self-defense and use of weapons, for their protection and freedom.

- We commit ourselves to struggle permanently until we achieve the abolition of bullfights and other similar aberrant attacks and violations against the rights of animals, which promote a culture of death, suffering, and torture as spectacle.

- We recognize the practices developed by the Sarvodaya Shramadana movement of Sri Lanka, and particularly their Peace Army (Shanti Sena), which intervenes in zones of war and conflict with direct actions of a nonviolent character; including meditation as an instrument of struggle to demobilize or deactivate the hatred, xenophobia, confrontation, and fear that seek to terrorize and intimidate our peoples. We commit ourselves on a quest to replicate these practices on the five continents and to activate them in the face of any imminent risk of fascism or world war.

- We will create a campaign of consciousness, education, and action to regulate, minimize and in the long run eliminate the internal combustion engine. We will also promote the creation of legal instruments such as laws and decrees which regulate and limit the use of private cars in all of our territories so that we may breathe.

LONG TERM

To return to the apprenticeship of the young with the old, as a mirror of the past in the future / The reading of reality and nature

- In all our communities and territories, we will all be trained in the reading of reality and the reading of nature (observation and apprenticeship with nature). This will allow us to interact with our political, social, and economic contexts, and also with local energies; with the plants, insects, waters, and animals in our surroundings. This kind of literacy is an instrument of encounter, introspection, and for the enjoyment of communal living.
- All human beings will speak at least two languages: an original language of their territory and a language that allows them to communicate with other territories and continents. We also imagine that we will evolve our communicational abilities and learn/remember to speak with animals, plants, and even with the stars.

Route of Struggle of the First Ecosocialist International

- We acknowledge the gathering which founded the First Ecosocialist International in the Cumbe of Veroes as a reference point for methodology and social relations: it has been based on an exchange of experiences which allowed communities and peoples to recognize each other, and cradled healthy collective living and apprenticeship with other cultures based on mutual aid and respect. For these reasons we propose that this experience and method be replicated as much as possible in future encounters following up on the fulfillment of the Plan of Action and the Route of Struggle of the First Ecosocialist International.
- Every year between October 31 and November 3, we will organize days of shared and synchronized work on a planetary scale for the fulfillment of this Plan of Action.
- We will facilitate "The First International Encounter of Sowers and Guardians of Water" in the Plurinational State of Bolivia, in November of 2018. The Bolivian people will decide on the exact location, but we suggest the following criteria:
    - To recognize the communities of Cochabamba and their struggle for water,
    - That it be hosted by grassroots communities and movements,
    - To recognize water as a tool for the construction of unity between all peoples who struggle for peace and the right to water.

- We will develop a route of regional conversations and seminars during 2018 and 2019 to promote and strengthen the First Ecosocialist International, focusing on gathering the forces of the five continents of the world to Reweave Pangaea.
- We will realize new encounters and convergences of the First Ecosocialist International, according to the criteria which seek to support those peoples who are most under siege and attack by the empire and the great powers of the world. We shall begin with Palestine, Puerto Rico (Boricua), and Hawai'i (Kanaka Maoli), as emblematic examples of decolonization struggles, and as stops on a Route of Struggle that will advance including all other peoples and territories who meet these criteria.
- To follow up and amplify the plan of action of the First Ecosocialist International, we will program a Pan-African convergence, to promote the interrelationship of Our America with Our Africa.
- To follow up and amplify the plan of action of the First Ecosocialist International, we will program a Pan-Asian convergence in Sri Lanka, to promote the interrelationship of Our America with Our Asia.

DEMANDS AND DENUNCIATIONS

- We demand that President Maduro accelerate the plans for the introducing native fish species into all the dams and other standing waters in Venezuela. We invite other social movements of the world to follow this example.
- We will push for the approbation of the Declaration of the Rights of Mother Earth by the United Nations.

- Justice has not yet been done to the intellectual authors of the assassination of Cacique Sabino Romero.
- We demand liberty for the young Yukpa farmers Rodolfo and Leonardo Fernandez, the children of Cacica Carmen Fernandez, who struggles for the earth.
- We demand freedom for political prisoner Milagro Salas and justice for the disappearance and later murder of Santiago Maldonado, in both cases denouncing the guilt of the Argentine government of Mauricio Macri.

THANK YOU!

We give special thanks to everyone in the towns of Agua Negra, Taria, and Palmarejo, and their hosting organizations: Colectivo de Maestras Cimarronas de Veroes, Red de Konuker@s Biorregión Occidente, Consejo Popular de Resguardo de Semillas "Cumbe Adentro," and the Red de Organizaciones Afro de Veroes.

We also express our gratitude to: the Alcaldía Bolivariana del Municipio Veroes, Gobernación Bolivariana del Estado Yaracuy, ZODI Yaracuy, Zona Educativa Yaracuy, Central Azucarera Santa Clara, Corpesca, the Ministry of Popular Power for Women and Gender Equality, the Ministry of Popular Power for Ecosocialism and Water, the Ministry of Popular Power for Culture, Cancillería de la República Bolivariana de Venezuela, Casa de las Primeras Letras, and to everyone who in one way or another contributed so that the First Ecosocialist International could be born in the cradle of the maroon movement and in the Bolivarian Republic of Venezuela, the first country in the world to commit itself to ecosocialism in its government plan.

INVITED PARTICIPANTS FROM THE FOLLOWING PEOPLES AND ORGANIZATIONS:

Indigenous Peoples of Venezuela:

Bare, Piaroa, Piapoco, Jivi, Yebarana, Yanomami, and Kurripaco from the state of Amazonas; Wayuu and Yukpa from the Sierra de Perija

National Organizations:

Movimiento Ambientalista Venezolano, Colectivo INDIA (Instituto de Investigación y Defensa Integral Autogestionaria) de Caracas, Circulo de Hombres de Caracas, Calendario Productivo Socio-Cultural, Escuelas Populares de Semillas y de Piscicultura de Apure, Sistema de Trueke de Mérida, Consejo Popular de Resguardo de Semillas Los Mintoyes de Mistajá, Escuela de Parteras AMAY KARA de Mérida, Red de Konuker@s Biorregión Andina de La Azulita, Mérida, Unidad de producción Audiovisual Semilla de Paz, Comuna Agroecológica El Tambor de La Azulita, Mérida, Red de Konuker@s "Cumbe Adentro" de Veroes, Yaracuy, Colectivo de Maestras Cimarronas de Veroes, Yaracuy, Asociación Tambores de Taria, Veroes, Yaracuy, Konukos Escolares de Veroes, Yaracuy, Cumbe Afro Agua Negra, Veroes, Yaracuy, Cumbe de Conuqueros El Esfuerzo de Taria, Veroes, Yaracuy, Red de Organizaciones Afro de Yaracuy, Sistema de Trueke Urachiche, Yaracuy, Comuna Ali Primera de Urachiche, Yaracuy, Consejo Popular de Resguardo de Semillas de Yaracuy, Epatu Konuko de Aragua, Guerrilla Republik Vzla, Sistema de Trueke Paraguachoa de Nueva Esparta, Sistema de Trueke L@s Pariagotos de Sucre, Sembradores de Agua de Maturincito la Cumbre, Sucre, Diseminadores de Semillas de Lara, Consejo de Sabios, Monte Carmelo, Lara, Universidad Campesina de Venezuela "Argimiro Gabaldón" de Lara, Consejo Popular de Resguardo de Semillas "Renato y El Caiman" de Monte Carmelo, Lara, Colectivo Investigacion "El Maestro Cafe" de Sanare, Lara, Emisora Sanareña 101.9 FM de Sanare, Lara, Movimiento Agroecológico Paulo Freire de Barinas, Sistema de Trueke Guapotorí Guaicaipuru de Los Teques, Miranda, Taller Urquía Amaru de Miranda, Colectivo Tapiramo, Frente de Campesinos Argelia Laya, Municipio Páez, Miranda, Proyectos Productivos CLAP Fco de Miranda Mpio. Guasimo de Táchira, Compañía de Títeres Kirimarí de Táchira, Colectivo Todo es Creación, Valera, Trujillo, Red de Comuner@s del Valle del Momboy, Valera, Trujillo, Colectivo Cimarrón de Maracaibo, Zulia, Organización Maikiraalasalii— Los que no se venden, de la Sierra de Perija del Socuy de Zulia, Movimiento Onda Comunal de Portuguesa

International Organizations:

OCEANIA: Taring Padi and Survive Garage (Indonesia). ASIA: Sarvodaya Shramadana Movement (Sri Lanka), Mesopotamian Ecology Movement (Kurdistan), Barefoot Doctor (China). AFRICA: Kenya Debt Relief Network and Africa Mother's Foundation (Kenya), Community Change Africa (Ghana), United African Alliance Community Center (Tanzania), Kebetkache Women's Development and Resource Centre (Nigeria), Amandla! Collective (South Africa). EUROPE: Spring Forward Network (Switzerland), Capitalism Nature Socialism (Italy). AMERICAS: Bolivarian Circles of New York (USA), Cooperation Jackson (USA), Labor Community Strategy Center (USA), Ecosocialist Horizons (USA), a new black arts movement (USA), Resistance in Brooklyn (USA), International Fellowship of Reconciliation (USA), War Resisters International (USA), International Peace Research Association (USA), Committees of Correspondence for Democracy and Socialism (USA), Climate Justice Project (USA), the Dazzling Swamp (USA), Mní Wičhóni Nakíčižiŋ Owáyawa (Guardians of Water School—the Lakota Nation), Afro-Yaqui Music Collective (the Yaqui Nation), Ojos de la Tierra (Mexico), Peyizam Papaye Movement (Haiti), Campesino Federation of Peru and Lucha Indigena (Peru), Comite de Defensa del Patrimonio Nacional de Bolivia (Bolivia), family member of a person disappeared for political reasons (Argentina), Guardian of Seeds (Ecuador)

HOW TO BE PART OF THE FIRST ECOSOCIALIST INTERNATIONAL

First, we believe along with José Martí that "the best way to say is to do." The best way to be part of the First Ecosocialist International is to commit yourself to fulfilling one or more of the actions in this Combined Strategy and Plan of Action. In this way, your collectives, organizations, and movements will be "part of the First Ecosocialist International." No individual or group is the First Ecosocialist International alone; it is only when we are. If you would like the name of your collective, organization, or movement to appear alongside others on a list that will be compiled, or to send pictures or reports of actions that have contributed to the fulfillment of this plan, you are welcome to email: llamadodelosduendes@ gmail.com (in Spanish) / prefiguration@gmail.com (in English).

¡El Grito de la Madre Tierra!

PLAN DE ACCIÓN DE LA PRIMERA INTERNACIONAL ECOSOCIALISTA

Introducción

Tienes en tus manos dos documentos históricos, los cuales fueron escritos a través de un proceso colectivo de intercambio de amor y esperanza, en una tierra que conoce de liberación: la República Bolivariana de Venezuela.

El primero fue escrito en el pequeño pueblo de Monte Carmelo en el año 2016 y es titulado "El Grito de la Madre Tierra: Llamado a la Primera Internacional Ecosocialista." Es una invitación—una convocatoria urgente para reunirse y redactar un plan de acción para la salvación de nosotros mismos y de la Madre Tierra. Es una esperanza—una semilla.

El segundo documento es el fruto de esa semilla. Fue escrito un año después, en el transcurso de cuatro días en la Municipalidad de Veroes, con las palabras de mas de 100 delegados de cinco continentes. Este documento es una brújula y una cuna, un mapa y un manifiesto, para una revolución global—un regreso a una manera de vivir en unidad con la naturaleza. Fue llamado "Estrategia Combinada y Plan de Acción de la Primera Ecosocialista Internacional."

Compilado por PM Press y Horizontes Ecosocialistas, combinado con obras de arte originales, este libro reconoce y registra la historia y el futuro de la primera Internacional Ecosocialista del mundo: un coro de dolor y alabanza a la Madre Tierra y un programa planetario de acción revolucionaria en defensa de la vida libre.

> "¿A qué otra generación se le ha dado la oportunidad de transformar la relación entre la humanidad y la naturaleza y curar una herida tan antigua? ¡Qué desafío tan fantástico!"
> —Joel Kovel, autor de *El enemigo de la naturaleza: ¿el fin del capitalismo o el fin del mundo?*

¡El Grito de la Madre Tierra!

A las y los ancestros
que araron con su lucha y en sus vidas
lo que es el espíritu y la fuerza
de lo que hoy llamamos ecosocialismo

Convocatoria a la Primera Internacional Ecosocialista Retejiendo Pangea

¡L@s Duend@s Viven!
La Magia Sigue …
Sanare, Estado Lara
República Bolivariana de Venezuela
31 de Octubre al 3 de Noviembre de 2017

Nos convoca un grito, un llanto de la Madre Tierra. Hacemos eco de este grito, de este llamado. Es nuestro. En nosotros y nosotras resuena ese grito. Lo asumimos. Convocamos en tanto nos sabemos y sentimos expresión de ese llanto, palabra y grito de la Madre Tierra ¿Cómo no responder cuando sabemos que su destrucción es la nuestra, la de toda la humanidad, la de toda la vida?

Una relación social basada en la codicia, en el despojo, en el patriarcado, en el racismo; en la generación y acumulación de ganancias, impone la dominación de unos pocos sobre otros y sobre la vida toda. Dominación de quienes obedecen a la ilusión fantasiosa de su poder y consumismo egoísta, insaciable. Es la historia que "avanza" con el "progreso" que exige y justifica ciclos expansivos de *exploración, explotación, exclusión y exterminio* en un curso suicida de destrucción incontrolado hasta ocupar y abarcar todos los territorios incluido el de nuestros cuerpos y el de nuestros imaginarios. La vida tiene dueños que la desprecian y someten.

Ecosocialismo es una de las voces, de las formas que adquiere, en las que se va expresando ésta, una entre muchas convocatorias, luchas y caminos diversos y múltiples, desde todos los territorios a responder a este llamado. Ecosocialismo es por ello también convocatoria en la que resuenan, evocan y aparecen muchas otras. Una entre muchas palabras que nombran este dolor de Madre Tierra que nos desafía a hacernos rumbo, nos lo reclama y señala.

Nos convocamos, entonces, simultáneamente a liberar y liberarnos con la Madre Tierra y a resistir y superar la relación social que la destruye y nos somete.

Nos convocamos con urgencia. Muere la Madre Tierra. No se trata solamente de una amenaza, sino de un riesgo inminente; de un hecho consecuencia del curso de vértigo irresponsable y suicida que nos arrastra ahora mismo hacia la destrucción. La relación social de la codicia, ha generado una crisis planetaria. Para seguir acumulando, les sobra gente y capital y les falta naturaleza. Para eliminar lo que les sobra y quedarse con lo que les falta han lanzado una guerra total contra la vida. Quienes esto entendemos y sabemos, convocamos, nos llamamos. En realidad lo que sobra es este sistema, lo que falta no son alternativas al mismo, sino, reconocer que somos el modelo originario; que ellos nos marearon con su contra modelo, con su alternativa a nuestro saber vivir desde principios y prácticas ancestrales y renacientes que debemos retomar.

Nos habita el mayor de los absurdos. Nos asumimos separados, distintos de "*la naturaleza.*" Este proyecto de muerte y su arrogancia nos hace cómplices. En realidad, hemos sido desterradas y desterrados. Necesitamos retornar, reintegrarnos a estar-siendo hijos e hijas de la Madre Tierra, inseparables, tejidas y tejidos a ella. Nos convocamos para hacer realidad este retorno.

Definimos acá los criterios que establecen quienes son convocadas y convocados al Encuentro de la Primera Internacional Ecosocialista, y por ello mismo, quienes no lo son.

Quienes nunca aceptaron este destierro y han resistido arraigadas y arraigados, han sido y son castigadas y castigados por la conquista que no los tolera, y convocan, y nos convocan por derecho propio, desde sus luchas y sabiduría. El hecho de que sigan viviendo, hablando sus lenguas y manteniendo sus usos y costumbres expresa la mayor y más hermosa capacidad de resistencia y rebeldía en la historia humana. Desde sus experiencias de pervivencia a pesar del maltrato y del abuso, nos guían, nos reclaman y nos llaman. Son pueblos arraigados a territorios, tejidos indeleblemente a la Madre Tierra. Justamente son estos pueblos los que enfrentan el mayor riesgo de extinción.

Quienes han regresado y por hacerlo conocen la desolación de los destierros, habiendo hecho el camino de retorno, nos convocan. Este es su lugar. Necesitamos hacer nuestra su palabra y experiencia.

Quienes en palabra y acción, por múltiples y diversas vías, en caminos diferentes, respondemos al compromiso del retorno y en consecuencia luchando caminamos, convocamos y nos convocamos a hacernos como de por sí somos de y con la Madre Tierra.

Quienes sabemos que la resistencia-rebeldía y crear-transformar son tareas inseparables y simultáneas, que la relación social que nos somete lo hace inventando esta y otras dicotomías falsas; separando y dividiendo lo que debe permanecer unido, nos convocamos a restablecer la unidad de lo que nunca debió dividirse.

Madre Tierra: quienes siguen allí tejidas y tejidos, quienes estando fuera regresaron, quienes transitamos de vuelta en palabra y acción; nos convocamos.

Sabemos de la biografía y del tiempo que condena al olvido. Conocemos los libretos y hemos aprendido a actuar para aferrarnos al papel que nos asignan según clases, lugares y cargos. Escuchamos la angustia, el desencuentro, la impotencia, la soledad. Reconocemos detrás de las máscaras y de los maquillajes, de la trampa que nos hace perseguir la ilusión de la estabilidad, de la seguridad, del miedo permanente que nos ata al curso inexorable de defender lo que nos destruye individualmente y en la desolación como el único camino posible.

Siendo así nos convocamos a esta Primera Internacional Ecosocialista, con el compromiso de hacernos eco en quienes no han asumido la consciencia y la lucha por defender la

Madre Tierra y superar la relación social que nos destruye y somete con ella.

Quienes participemos de este primer encuentro de la Internacional Ecosocialista ni somos todas y todos las y los que estamos, ni estamos todas y todos las y los que somos. Nos comprometemos entonces a contribuir con un movimiento de movimientos; una espiral de espirales. No buscamos respuestas sino caminos, proponemos haciendo y aprendiendo.

Estaremos quienes desde realidades concretas abordándolas y desafiándonos a hacerlo, nos proponemos horizontes y no quienes desde el deber ser supeditan a este las realidades y los procesos. Nos reconocemos entrampadas y entrampados, capturadas y capturados, sometidas y sometidos con nuestras ambivalencias y contradicciones, de diversas formas. Desde allí y frente a estos desafíos nos encontramos para verlos, reconocernos y superarlos. Es por ello que convocamos la experiencia en tanto capacidad de asumir contradicciones y superar errores.

Convocamos entonces a quienes trenzando teoría y práctica, estamos en el camino desde las luchas concretas, de tejernos a la vida y a la Madre Tierra y liberarnos con ella de la opresión, el despojo y la muerte, para vivir.

Dado que nuestro hogar está rodeado e infiltrado por quienes, actuando en nombre de un orden social equivocado tienen el poder, la capacidad y los medios para destruirlo y lo están haciendo, ésta situación nos exige sabiduría para proponer caminos, consensuar un plan, en tanto diseñar un camino en palabra y acción ético y estratégico para reconocer, enfrentar y superar esta amenaza y agresión colectivamente y con la Madre Tierra. Convocamos la capacidad y la experiencia de procesos e individuos en función de intercambiar, trabajar y proponer para enfrentar esta tarea de retorno. Pueblos y procesos que no se venden, no claudican y no se cansan, pero además, ni engañan ni se dejan engañar.

Hemos decidido aprovechar estos cuatro días, entre el 31 de Octubre y el 3 de Noviembre de 2017, de con-movernos, para sentar los fundamentos, los cimientos sólidos de un proceso a corto, mediano y largo plazo. Debemos empezar a responder en poco tiempo con la mayor sabiduría y lograr el máximo impacto. Es por ello que optamos porque la convocatoria identifique unos pocos procesos e individuos que, respondiendo a los criterios esbozados, prioricen desafíos, intercambien experiencias y propongan rumbos en este plan inicial de trabajo reconociéndose con humildad y firmeza como eje de un espiral cuya vocación y compromiso es tejerse y tejer en palabra y acción, no para excluir, sino por el contrario, en la perspectiva de ir incluyendo para contribuir hasta cuando todas y todos estemos entre-tejidos a la Madre Tierra y libres del proyecto de muerte que nos agobia.

En cuanto se trata de un primer paso nadie, persona o proceso, es dueño o protagonista de lo que se haga y consiga colectivamente. Asumimos esta responsabilidad, como prioridad y respondemos al llamado desde esta Primera Internacional Ecosocialista para enfrentar y superar el desafío del grito de la Madre Tierra, en resistencia y rebeldía, crear/transformar más allá y mucho más acá de lo que nos permite e impone el sistema que agrede la vida. Organizarnos y actuar, cada quien a su manera desde sus realidades y espíritus en torno de este camino, será nuestra única remuneración y compromiso.

Bajo estos criterios asumimos la responsabilidad de ir convocando un número limitado de participantes, que puedan realizar el trabajo que nos reclama, desde nuestra Abya Yala e Isla de la Tortuga, en todos los continentes y territorios, pueblos, procesos e individuos buscando alcanzar equilibrio y armonía en la composición de quienes allí se encuentren. El proceso de convocatoria se inicia de inmediato, estableciendo comunicación permanente entre quienes a esto nos comprometemos.

Las y los duendes tomaron cuerpo en nosotros y nosotras sugiriéndonos un temario al que se puede acceder a través de entradas elementales y simples, con el *sentir* y *ser* como organizadores, para construir colectivamente un plan de acción conjunto de corto mediano y largo alcance.

¡Nosotr@s Mism@s Somos,
Aquí es que es,
y Ahora es Cuando!

Convocan:
consejo pluricosmovisionario de activadores de la primera internacional ecosocialista
12 Estados de Venezuela—10 Países—3 Continentes

Locales (Monte Carmelo y Sanare, Lara)

Semillero Socialista de Monte Carmelo | Consejo Comunal de Monte Carmelo | Comuna María Teresa Angulo | Asociación de Productores de Monte Carmelo | Cooperativa "La Alianza" de Las Lajitas, | Asociación Civil MonCar | Feria de Consumo Familiar de Monte Carmelo | Colectivo Senderos del Saber de Monte Carmelo | Liceo Bolivariano Benita de Jesús García de Monte Carmelo | Liceo Bolivariano Rural "María Teresa Angulo" de Bojo | Cooperativa 8 de Marzo de Palo Verde | Sistema de Trueke del Territorio Comunal "Argimiro Gabaldón" de Sanare | Emisora Comunitaria Sanareña 101.9 FM de Sanare | Colectivo de Investigación "El Maestro Café" de Sanare

Nacionales (Venezuela)

Consejo Popular de Resguardo de Semillas "Renato y El Caimán" de Lara | Consejo Popular de Resguardo de Semillas "Los Mintoyes de Mistajá" de

Mérida / Consejo Popular de Resguardo de Semillas "Cumbe Adentro" de
Yaracuy / Consejo Popular de Resguardo de Semillas "Arawac" de Aragua /
Consejo Popular de Resguardo de Semillas "Ancestrales" de Táchira /
Diseminadores de Semillas de Lara / Red de Konuker@s Biorregión
Oriente / Red de Konuker@s Biorregión Centroccidente / Red de Konuker@s
Biorregión Andina / Calendario Productivo Socio-Cultural / Escuela
Popular de Semillas / Escuela Popular de Piscicultura / MST Venezuela
(Movimientos Sociales por el Trueke, la Paz, la Vida y el Ecosocialismo) /
Sistema de Trueke Urachiche de Yaracuy / Sistema de Trueke Merideño
de Mérida / Sistema de Trueke Paraguachoa de Nueva Esparta / Sistema
de Trueke Biorregión Turimiquire (Monagas, Sucre y Anzoátegui) /
Comuna "El Maizal" / EPATU KONUKO (Espirales Populares para las Artes y
Tradiciones Universales del Konuko) / GREP (Guerrilla Republik Venezuela) /
FRAV (Frente Revolucionario de Artesanas y Artesanos de Venezuela)
Capitulo Mérida / Colectivo Cimarrón de Zulia / Colectivo Oko de Quibor /
Estudiantes del IALA (Instituto Latinoamericano de Agroecología "Paulo
Freire") de Barinas / Colectivos, Organizaciones y Movimientos Sociales
Venezolanos que hacemos parte de la Red Nacional de Guardianes de
Semillas de Venezuela.

Internacionales
Sarvodaya Shramadana Movement de Sri Lanka / United African Alliance
Community Center de Tanzania / Africa Mother's Foundation de Kenia /
Kenya Debt Relief Network de Kenia / Charlotte O'Neal (Panteras Negras) de
EEUU / Horizontes Ecosocialistas de EEUU / Pueblos en Camino de Puebla,
México / CODEPANAL (Comisión de Defensa del Patrimonio Nacional)
de Bolivia / Red Universitaria de Ambiente y Salud—Médicos de Pueblos
Fumigados de Argentina / Las y los Liberadores de Uma Kiwe, Norte del
Cauca, Colombia

Guaja/Monte Carmelo, Sanare, Estado Lara
República Bolivariana de Venezuela

28-10-2016

APOYA
Gobierno Bolivariano de Venezuela

ADHIEREN
Locales (Monte Carmelo y Sanare, Lara)
Baquianos del Conocimiento de Monte Carmelo / Panadería La Campesina
de Bojo / Asociación de Productores Agroecológicos El Alto de Guarico /
Comuna Socialista Sueño de Bolívar / Comuna Kiriwa / Comuna Caimán de

Sanare / Comuna Asunción Piñero / Comuna Argimiro Gabaldon / Comuna Un Nuevo Amanecer del Guaical / Comuna Pingano / Comuna Jirajara / Comuna en construcción Santiago Hernández / Comuna Ezequiel Zamora / Comuna Las Quebraditas / Comuna Ciudad de Angostura / Comuna Albarical / Comuna Gran Sabana / Comuna en construcción Miraflores Unidos / Coordinación de Educación del Municipio Andrés Eloy Blanco con todas sus Escuelas y Liceos / Misión Sucre, Misión Robinson y Misión Rivas de AEB / Universidad Politécnica Territorial Andrés Eloy Blanco / Universidad Campesina de Venezuela Argimiro Gabaldon / Red de Escuelas Agroecológicas Ezequiel Zamora

Nacionales (Venezuela)

Programa Todas las Manos a la Siembra / Movimiento Todas las Manos a la Siembra / Movimiento Pedagógico Revolucionario / Zona Educativa de Lara / Colectivo Ecosocialista "Chávez Vive" / ASGDRE (Alianza Sexo-Genero Diversa Revolucionaria) / Sistema de Trueke Guatopori Guaicaipuro de Los Teques, Miranda / Trueke Tinaquillo de Cojedes / Sistema de Trueke Kirikire de Los Valles del Tuy, Miranda / Colectivo Maestras Cimarronas de Veroes, Yaracuy / Colectivo ArteBrisa de Mérida / Danza Teatro "Poco a Poco" de El Tocuyo, Lara / Fundación Bosque Macuto de Barquisimeto, Lara / Frente de Resistencia Ecológica de Zulia / Colectivo "La Mancha" / Trenzas Insurgentes (Colectivo de Mujeres Negras, Afrovenezolanas, Afrodescendientes) de Caracas / Circulo de Hombres de Caracas / Colectivo INDIA (Instituto de Investigación y Defensa Integral Autogestionaria) de Caracas / Plataforma Socialista "Golpe de Timón" de Carabobo / A.C. Portavoces del Ambiente (Producción Audiovisual Ambiental) de Cabudare, Lara / Comuna Padre Juan Bautista Briceño, Parroquia Trinidad Samuel (Rural), Municipio Bolivariano G/D Pedro Leon Torres, Lara / Cooperativa El Sabor de mi Tierra Margariteña 321 R.L. de Nueva Esparta / A.C. Tierras y Hombres Libres (Agricultores Ecologistas Ambientalistas) el Vallecito, Mérida / UPF La Granjita del Nono de El Salado, Ejido, Mérida / Centro Nacional de Conservación de los Recursos Fitogenéticos de Maracay, Aragua, Dirección General de Diversidad Biológica, Ministerio del Poder Popular para Ecosocialismo y Aguas / MORAHC (Movimiento de Organizaciones Revolucionarias Ambientalistas y Humanistas de Caricuao) / Colectivo Socioambiental Marahuaka de Caracas / Fundación Reyes de Corazón de Caracas

Internacionales

La Terre Institute for Community and Ecology (New Orleans, USA) / a new black arts movement (USA) / Urban Art Beat (USA) / Commusaic (Belgium) / the c.i.p.h.e.r. (Belgium, Netherlands, Germany, Uganda, Tanzania, Kenya) /

Health of Mother Earth Foundation (Nigeria) / Kebetkache Women Development Centre (Nigeria) / Peoples Advancement Centre (Nigeria) / No REDD in Africa Network / Justicia Ambiental (Friends of the Earth, Mozambique) / Young Christians in Action for Development (Togo) / WorldBeat Cultural Center (San Diego, USA) / Nile Valley Aquaponics (Kansas City, USA) / Institute for Postmodern Development in China / Afrika Global Network / Afro Yaqui Music Collective (USA) / Kalpulli Turtle Island Multiversity (USA) / Djuwadi Prints (Indonesia) / Survive Garage (Indonesia) / Taring Padi (Indonesia) / Resistance in Brooklyn (USA) / Wholistic Art (USA) / Venezuela Solidarity Committee—Seeds of Solidarity (USA) / Climate Justice Project (USA) / Amandla! Collective (South Africa) / Initiative Ökosozialismus (Germany) / Cooperation Jackson (USA) / Mesopotamian Ecology Movement (North Kurdistan—Bakur) / Committees of Correspondence for Democracy and Socialism (USA) / Thomas Merton Center (USA) / Community Change Africa / International Fellowship of Reconciliation / War Resisters International / International Peace Research Association / Woodstock Social Justice Initiative (USA) / Kalpavriksh Environment Action Group (India) / Labor/Community Strategy Center (USA)

La Primera Internacional Ecosocialista

Entretejiéndonos a la Madre Tierra

October 31–November 3, 2017
Cumbe de Veroes, Republica Bolivariana de Venezuela

hace un año desde "El Llamado de l@s Duend@s" en Monte Carmelo, Lara, y desde nuestras enduendadas mentes y ensemillados corazones lanzamos la convocatoria llamada "El Grito de la Madre Tierra." Los que respondimos a ese grito, alrededor de 100 personas de 19 naciones de los 5 continentes, 12 Pueblos Originales de Nuestramérica, activistas ecosocialistas de 14 estados de Venezuela, estamos aquí. En el Cumbe* de Veroes, entre las montañas encantadas de Yaracuy donde vive la Diosa Protectora de la Naturaleza. Desde el 31 de Octubre hasta hoy, 3 de Noviembre de 2017, hemos hecho el trabajo que se nos reclamaba, una estrategia y un plan de acción conjunto para la salvación de la Madre Tierra.

---

* Cumbe: Modo de vida intercultural y forma de organización, producción e insurgencia propia de l@s Cimarron@s basada en principios ancestrales de solidaridad y reciprocidad y no en la competencia.

Tomamos la decisión y hemos hecho el compromiso colectivo de Constituir la Primera Internacional Ecosocialista, y así lo hemos hecho. Para revertir el proceso destructivo del capitalismo, para regresar al origen, recuperando la espiritualidad ancestral del ser humano, viviendo en paz, y con la intención de parar la guerra.

Reconociendo que somos solo una pequeña parte de un espiral de espirales, que tiene la profunda intención de ir incluyendo, hasta que todas y todas estemos entretejid@s con la Madre Tierra para así restaurar la armonía adentro de nosotr@s mism@s y entre nosotr@s y las demás vidas hermanas en la Naturaleza de todas y todos.

La Primera Internacional Ecosocialista no es un encuentro más, ni una reunión de intelectuales para caracterizar el Ecososcialismo, pensamos que este se irá autodefiniendo en la medida en que se reflexione y conceptualice desde la praxis, desde lo que l@s Ecosocialistas Hacemos, desde lo que l@s militantes Ecosocialistas Somos. Tampoco es una organización o un sello con el peligro omnipresente de burocratizarse, sino sencillamente un Plan de Lucha Común, con momentos de encuentro e intercambio, al que cualquiera puede sumarse comprometiéndose a cumplir con una o varias de las acciones consensuadas para aliviar a Nuestra Madre. Nadie, persona o proceso, es dueñ@ o protagonista de lo que se haga y consiga colectivamente.

Convocamos a los pueblos, movimientos, organizaciones, colectivos y seres del mundo a adherirse a esta PRIMERA INTERNACIONAL ECOSOCIALISTA y a asumir la Construcción en Colectivo del Currículo para la salvación de la Madre Tierra reinstaurando la Espiritualidad perdida.

Una Nueva y a la vez Vieja Ética Ecosocialista, sagradamente irreverente, alimentada por el sol de la conciencia. Recrear nuestra espiritualidad creando una nueva, con una nueva imaginación, con un nuevo latido del corazón, que nos lleve a la unicidad en la diversidad, porque actualmente solo estamos sobreviviendo, no estamos viviendo. El entendimiento y la práctica de esa nueva espiritualidad podrán repeler al imperio y al capitalismo llevado por la codicia y podrá fortalecer a los pueblos y culturas condicionad@s por la necesidad. Estamos frente a una contradicción: restaurar la vida o llevarla a la extinción. Debemos elegir.

Nosotr@s no tenemos dudas, somos radicales, debemos retornar a las maneras originales, a nuestras raíces, viendo el pasado no solo como un punto de partida sino ahora también como un punto de llegada.

Un Parto colectivo para la crianza amorosa, somos embriones sin muerte …

¡A Soñar y Actuar sin quedarnos dormid@s!

Estrategias y Plan de Acción Conjunto

Como hijas e hijos de la Madre Tierra y del Comandante Pueblo, habíamos concluido en el proceso preparatorio, y lo decíamos claramente en la convocatoria a esta Primera Internacional Ecosocialista que *"La relación social de la codicia, ha generado una crisis planetaria. Para seguir acumulando, les sobra gente y capital y les falta naturaleza. Para eliminar lo que les sobra y quedarse con lo que les falta han lanzado una guerra total contra la vida."* L@s que respondimos al grito de la Madre Tierra entendemos y sabemos que en realidad lo que sobra es este sistema, y que lo que falta no son alternativas al mismo, ni construir "Otros" Mundos posibles ni "Otros" modelos, sino reconocer que somos El Modelo Originario; que ellos nos marearon, nos confundieron o engañaron imponiéndonos su contra modelo, su alternativa a nuestro saber vivir desde principios y prácticas ancestrales que l@s que estamos aquí, o nunca perdimos o estamos retomando.

A raíz de esto y desde la acción transformadora de las Organizaciones, Colectivos y Movimientos que formamos parte de la Primera Internacional Ecosocialista, porque nos adherimos a su Plan de Lucha, escucharemos y acompañaremos fundamentalmente La Lucha de los Pueblos Originales de los 5 continentes del Mundo en la recuperación de sus Tierras, Culturas y Espiritualidades Ancestrales reconociéndolos como nuestr@s hermanas y hermanos mayores, como nuestros más altos Maestros Pueblo y como los primeros y originales Ecosocialistas del Mundo; siendo plenamente conscientes que retomar el camino que estábamos transitando miles de años atrás, es nuestro mejor imaginario de futuro, miles de años por delante. Por eso muchas de las acciones contenidas en este Plan están enmarcadas en este sentido.

La tierra recibe calor del sol y debe devolver parte de él a través de la atmósfera, sin embargo, no puede devolver lo que debiera, debido a los gases llamados "de efecto invernadero", producidos por el gran capital; de entre estos gases, los más abundantes son el dióxido de carbono y el metano.

Este calentamiento está causando el derretimiento de los polos, del polo sur se han desprendido varios pedazos y el polo norte se continua derritiendo, por esta razón han muerto muchos especímenes de diferentes especies de la zona (pingüinos, osos polares, etc.). Además, el derretimiento del ártico causa mayor calentamiento puesto que era el espejo que devolvía el calor del sol. El peligro es que con el derretimiento de la tundra y el polo norte se está liberando metano, y si este se sigue escapando va a causar una catástrofe irreversible. Hay empresas felices por este derretimiento, porque quieren utilizar la zona para explotar el petróleo.

El calentamiento global ha causado muchos incrementos de huracanes, tornados, etc. Últimamente ha habido inundaciones en Centroamérica que son causadas por este fenómeno, como también el deshielo de las cordillas nevadas del mundo. Por ejemplo, en la Cordillera de los Andes, vemos que hay menos manantiales que antes, lo cual afecta al campesinado de las zonas andinas, los ríos están cada vez más delgados y esto afecta a todas las poblaciones y a la naturaleza en general. Debemos combatir a las empresas capitalistas que están causando el efecto invernadero.

Otro ejemplo es el del Lago Titicaca, que recibe agua de varios ríos, y hay un río que sale del Titicaca llamado "Desagüadero"; este río lleva el agua del Titicaca al lago Poopo, ahora casi no existe el lago Poopo y probablemente en el mundo habrá varios lagos que desaparecerán. La situación de los ecosistemas en general es alarmante, por eso muchas de las acciones contenidas en este plan están enrumbadas a revertir esta situación.

Pero si la situación de la Madre Tierra es grave en relación a la perdida de la Biósfera, también lo es en relación a la perdida de la Etnósfera. Cada día muere el último hablante de un idioma o lenguaje ancestral, llegando a que los niveles de pérdida de diversidad cultural por la extinción de estos sistemas simbólicos (donde están codificadas las culturas, mitos, leyendas, tradiciones orales y canciones de muchos pueblos) este hoy realmente bajo una gravísima amenaza a manos de la globalización hegemónica e imposición cultural de la modernidad occidental, saqueadora, dominadora, destructora de la vida, patriarcal y antropocéntrica. Por la certeza de que existen otras maneras de sentir y de pensar, otras creencias espirituales e intelectuales de relacionarnos con Nuestra Madre Tierra, es que se definen acciones conjuntas enfocadas a solventar este desolador panorama.

Como miembros de organizaciones populares parte de la Primera Internacional Ecosocialista y opuest@s a la dominación, que nos enfrenta en la competencia y en la guerra, nos planteamos acompañar con fuerza, desde relaciones reales, las peleas anticolonialistas y antiimperialistas que libran los pueblos del mundo, en función de su reconocimiento y liberación, posibilitando que su palabra tenga impacto y mueva la solidaridad de las naciones. Por lo tanto debemos decir la verdad, enseñar la verdad, acerca del imperio y el capitalismo que matan la vida, para desenmascararlos, reconocerlos, e identificarlos como nuestros enemigos. El Ecosocialismo simboliza lo insurgente, amoroso, formativo y espiritual desde lo pluricultural, multiétnico, antimperialista y descolonizador. Finalmente definimos una ruta de lucha donde se plantean algunas acciones y reuniones para este acompañamiento.

La lógica del sistema que mata la vida es astuta, nos roba, se realimenta y disfraza para seguir existiendo. Para salirnos de esa lógica y su capacidad de reciclarse constantemente es que decidimos adoptar una perspectiva pluricosmovisionaria.* Invitamos a todas y a todos l@s que como nosotr@s creemos en este sueño y caminamos la palabra para lograrlo, a comprometerse con el cumplimiento de este Plan. Hagámoslo desde la resistencia heroica de nuestros pueblos que aún mantienen vivas sus antiguas usanzas, sus bosques nativos, sus fuentes de agua limpia, hagámoslo con las propias semillas de las cosmovisiones ancestrales, sin venenos y sin patrones!

Hemos distribuido nuestras propuestas entre los 5 elementos: Eter, Agua, Tierra, Fuego y Aire, entretejidos en el espíritu, la leche, el cuerpo, la energía y la voz de la Madre Tierra, cosechando nuestras culturas ancestrales para que sean dispersadas como semillas a lo largo de las 4 sagradas direcciones del mundo.

Estas acciones están planteadas en un corto alcance o tiempo de la lucha, mediano alcance o tiempo de la construcción y en un largo alcance, o tiempo de la utopía, entendiendo este último en un alcance aproximado de 500 años o un Pachakutik (Era Aymara).

---

* Pluricosmovisionaria: Pluralidad de visiones del cosmos, de miradas del mundo, mas allá de lo multidisciplinario o transdiciplinario que define varias miradas de diferentes disciplinas pero de la misma epistemología occidental y académica.

Eter
EL ESPÍRITU DE LA MADRE TIERRA

Estrategias y acciones para retomar la
gestion de nuestras culturas, modelos
civilizatorios y cosmovisiones ancestrales

Nos planteamos cuestionar, reformular y redefinir los significados simbólicos que el modelo desarrollista alienante de la modernidad capitalista transnacional ha impuesto sobre la madre tierra y sobre nuestra relación con ella. Nuestras culturas ancestrales tienen ya significados que asumen a la naturaleza desde una visión de conjunto, holística, ecológica, como integralidad conformada por seres vivos que se interrelacionan en interdependencia, complementariedad y solidaridad entre sí. Conscientes de esta interrelación, nos proponemos como pueblo que nuestro horizonte civilizatorio y de vida, esté basado en el cuidado a la naturaleza, en la no agresión a ninguno de sus seres, porque con ello agredimos a la vida toda y nos agredimos a nosotras y nosotros mismos.

CORTO ALCANCE
Las Luchas Anticolonialistas / Las Luchas Antiimperialistas
- Nos comprometemos en primera instancia a entretejernos con las diversas luchas de los Pueblos Originales de los 5 Continentes por rescatar y demarcar las tierras y los territorios debido a que en sus cosmovisiones (visiones del cosmos) estas forman parte indisoluble de sus definiciones

culturales, así como a que se respeten sus tradiciones ancestrales y sitios sagrados y se garantice la soberanía de sus tierras originarias y la expulsión de corporaciones transnacionales, grupos paramilitares y mafias terratenientes. Aún falta completar el trabajo de demarcación de tierras de los Pueblos Indígenas de la Sierra de Perijá y detener los planes megamineros y proyectos Carboelectricos en su territorio que en el caso de Venezuela la movilización popular y el Comandante Chávez habían paralizado. Impulsaremos también la toma de tierras urbanas para la descolonización.

- Reconocemos la experiencia de lucha del Pueblo Lakota como un ejemplo de dignidad y resistencia anticolonialista y antimperialista que empuja de manera incesante e insurgente, para lograr el reconocimiento de su cultura, formas de vida y su territorio ancestral, en conflicto con las transnacionales del petróleo que intentan un despojo histórico contra ésta nación originaria. Llamamos a la solidaridad en la pelea contra su enemigo histórico en el proceso de recuperación de sus tierras, desarrollando iniciativas que involucren a los Movimientos Sociales del Mundo y que llamen a los otros pueblos originarios del continente para la unidad en la lucha y posibilitar el encuentro del Cóndor y el Águila como señala la antigua profecía.

- Asumimos recuperar, regresar, estudiar y detener la pérdida de los idiomas y lenguajes originales, porque en ellos están los códigos que nos dejaron nuestros ancestros como su legado. En ellos están encriptadas múltiples formas de proteger la vida. Con el rescate de estos nichos lingüísticos en peligro de perderse, se rescatan nuestras culturas originarias. Con ellos vamos a construir, junto a los pueblos, nuestros propios significados para disputar los significados alienantes del desarrollismo del gran capital transnacional y sus efectos. Recuperar nuestra soberanía idiomática en los múltiples aspectos en que esta se exprese es también nuestra tarea, y es verdad, constituye una acción de largo alcance, pero justamente por eso, porque tardara más tiempo, es lo primero que debemos iniciar en el corto plazo.

- Apoyaremos activamente al Concejo Indígena de Gobierno y a su vocera Marichuy (María de Jesús Patricio Martínez), tanto para la campaña presidencial que se realizara en julio del 2018 en México, como en su lucha permanente, trabajo organizativo, de profundización de la conciencia y construcción de autonomía.

MEDIANO ALCANCE

El trabajo de recuperación de la Memoria Histórica / El poder del hip hop y otras manifestaciones de Arte Incluyente / La perspectiva pluricosmovisionaria (múltiples visiones del mundo) / Los derechos de la madre tierra / La descolonización del pensamiento / La reconfiguración de las naciones indígenas

- Sembraremos la sabiduría de los Maestr@s Pueblos* (también llamados Libros Vivientes) reivindicando la tradición oral.

---

* Maestr@s Pueblos: Concepto utilizado en Venezuela para reivindicar a aquell@s maestr@s no académicos, cuya sabiduría y conocimientos ancestrales no están sustentados en reconocimientos formales institucionales sino en el conocimiento experiencial y el conocimiento simbólico a partir de la praxis y que se encuentran socialmente reconocidos.

- Promoveremos la investigación participativa y protagónica entre docentes, comunidad y niñ@s del conocimiento ancestral para transmitirlo a otros niños, niñas, adolescentes y maestr@s.
- Recolectaremos la gastronomía típica de cada territorio de la memoria de l@s abuel@s y lo devolveremos a las escuelas y a las comunidades como Recetarios, para que en las escuelas y en los hogares se alimenten con la producción de l@s pequeñ@s productor@s agrícolas buscando no se despeguen de su Cultura Local reinventando la cocina tradicional de cada territorio.
- Recuperaremos, promoveremos y reivindicaremos los valores ancestrales afrodescendientes, así como también sus propias estéticas (Ej: recuperación de los Peinados Luangos) en toda la diáspora alrededor del mundo. También haremos lo propio en relación a las identidades culturales de los pueblos indígenas y originales de los 5 continentes, comprometiéndonos a transmitirlos a las nuevas generaciones a través de múltiples estrategias comunicacionales.
- Utilizaremos el Poder del Movimiento Musical, Artístico, Cultural y Espiritual del Hip Hop como una de las voces de la madre tierra para lograr mayores niveles de conciencia ecológica, reivindicar y recuperar nuestras culturas ancestrales. Proponemos incluirlo también en los currículos de los diferentes sistemas educativos del mundo.
- Apoyaremos con todo nuestro compromiso como hijas e hijos de nuestra Madre Tierra, que en la nueva constitución de la República Bolivariana de Venezuela se incluya un capítulo que consagre los Derechos de la Madre Tierra

y de todo lo que de ella forma parte, como lo es el agua. Sus derechos como ser vivo, como madre, como espacio sagrado y por lo tanto sujeto de Dignidad, de Amor, de Respeto y Protección. Para ello articularemos luchas, debates, conversatorios, campañas informativas y comunicacionales, concentraciones, marchas, con el fin de generar las presiones necesarias en la consolidación de dicho propósito. Propondremos que se haga lo mismo en las constituciones de todos los países del mundo y promoveremos que se deje de utilizar la palabra recurso para referirnos a la naturaleza y al ser humano.

- Construiremos la solidaridad a través de la Comunalidad, promoviendo Rutas Culturales, Espirituales, Gastronómicas y Musicales mediante el Voluntariado y la Conciencia Ecológica por todas las direcciones del mundo.

- Catedra Arcoíris de la Sabiduría: Promoveremos la creación de Escuelas de Alas y Aulas Abiertas que a través de las artes multiétnicas, permitan liberar, educar y descolonizar los sentidos de nuestras niñas, niños, adolescentes y maestr@s, incluyendo a todos los espacios, personas y metodologías desde la ética Ecosocialista.

- Nos revisaremos críticamente para descolonizar nuestra cultura y pensamiento, en el caso de Venezuela también para desparasitar nuestra revolución e ir fortaleciendo la autonomía organizativa de los consejos comunales, cooperativas, comunas y afines e ir confluyendo hacia la comuna mayor: ¡La comuna universal!

- A mediano plazo, pero en relación a las acciones planteadas a corto alcance, crearemos alianzas para proteger a los pueblos y culturas en lucha y resistencia.

LARGO ALCANCE

La construcción colectiva del conocimiento / El arte transcultural / El conocimiento ancestral como espejo del pasado en el futuro / La identidad espiritual del planeta.

- Recuperar la conexión mente-espíritu-corazón-cuerpo a través del amor, llamando a la creación de la verdadera hermandad espiritual.

- A largo plazo, en relación a los pueblos en lucha, lograremos volver al principio, cuando todas y todos estábamos unid@s.

- Volver a nuestra identidad y espiritualidad ancestral para formar e informar nuestro presente y futuro con cualesquiera que sean nuestras espiritualidades.

Agua
LA LECHE DE LA MADRE TIERRA

Estrategias y acciones para retomar la gestión
de nuestra agua y demás bienes comunes

Cuestionamos y problematizamos el modelo de desarrollo Capitalista Transnacional como causa de la destrucción de la naturaleza y del deterioro alienante en la relación armónica del ser humano con ella, causando el recalentamiento global por la emisión de gases de efecto invernadero y la escasez de agua por su uso prioritario para la agroindustria y la minería.

Nuestro modelo u horizonte de vida y civilizatorio está en las culturas indígenas originarias de nuestra América y comparte principios filosóficos de los pueblos originarios en todo el mundo.

Nuestro modelo civilizatorio data al menos de 15 mil años en Venezuela. Los pueblos comunitarios originarios de Bolivia y Perú llevan también entre 20 a 30 mil años con su propio modelo civilizatorio, y así como ellos, los pueblos originarios del mundo entero.

Guardamos la sabiduría de la solidaridad, el mandato de la colectividad en horizontalidad y la rotación de funciones. Este horizonte civilizatorio es parte de nuestra cultura y es la base del modelo constitucional ecosocialista que queremos darnos, en sustitución del modelo capitalista que pretende seguir dominándonos y manteniéndonos dependientes de sus productos, tecnologías, formas de organizarnos y tomar nuestras decisiones.

CORTO ALCANCE
Las Luchas Anticorporativistas / Las Luchas Antiextractivistas / La Contaminación

- Reconocemos el papel vital y espiritual del agua en nuestra vida: El agua es una herencia que debemos proteger, su acceso es un derecho para la vida, y por ello sabemos de la importancia que tiene garantizar a través de procesos constituyentes en todos los países, que podamos asegurar su protección a través de las Constituciones y legislaciones públicas, prohibiendo la contaminación, privatización, apropiación y comercialización del agua en todo su ciclo. Por ello proponemos:

  1. Que en el caso de Venezuela, la nueva Constitución establezca claramente el consentimiento y aprobación por consenso de los pueblos y comunidades, como requisito ante cualquier decisión que afecte por contaminación, desviación o interrupción, todo el ciclo del agua (aguas superficiales, subterráneas, así como toda la que cae del cielo, el agua potable y el agua servida). Algunos criterios para construir ese consenso son, la participación de tod@s l@s actor@s sin exclusión alguna, dando prioridad absoluta a las comunidades y en segundo lugar al estado en la toma de decisiones sobre la construcción de represas, canalización de ríos, construcción de acueductos, canales y otras infraestructuras que involucren al agua. Por ejemplo, el artículo 47 de la ley de minas es insuficiente para

evaluar críticamente, para prevenir, la contaminación de la cuenca del Orinoco y otras cuencas, que puede ser causada por el arco minero, la faja petrolífera del Orinoco, la ganadería extensiva, la tala indiscriminada y las aguas residuales de las grandes ciudades, entre otras. Unamos nuestras luchas para cambiar el modelo que afecta a todas las cuencas de la madre tierra.

2. En todo el mundo empresas privadas como la Coca Cola, la Pepsi Cola, Polar, etc. se apropian y comercializan el agua, por lo cual necesitamos legislaciones que lo prohíban, basadas en la noción del agua como bien común de la humanidad.

• Nos organizaremos internamente como pueblos y comunidades para enfrentar proyectos desarrollistas como las carboeléctricas, la no explotación de la minera, donde el estado de forma mancomunada con los pueblos originarios asuman la toma de decisiones al respecto; obedeciendo y respetando los derechos de la pachamama, la cosmovisión y el patrimonio cultural de los pueblos indígenas.

MEDIANO ALCANCE

El trabajo de l@s sembrador@s y guardian@s del agua /
El trabajo por el acceso, la calidad y el ahorro del agua / La
conservación de cuencas, manglares, humedales, ríos, océanos,
lagos, glaciares y demás cuerpos de agua / El agua en las ciudades.

• Trabajaremos para visibilizar a nivel mundial el logro de los 10 años de lucha del movimiento revolucionario ambientalista venezolano en su real e importante dimensión como fue el decreto, en el día del agua de este año 2017, del Parque Nacional Caura, el más grande parque nacional de selva tropical del mundo y el segundo Parque nacional en extensión, con 7.532.952 hectáreas que representan el 8% del territorio nacional y constituyen el mayor reservorio protegido de carbono y mayor emisor protegido de oxígeno de la Tierra.

- Nos proponemos organizarnos comunitariamente para hacer Mapeos de nuestros territorios, en los cuales ubicaremos:

  1. A nuestros Sabios y Sabias, Maestras y Maestros Pueblo que habitan en nuestras cuencas, a nuestras abuelas y abuelos que guardan la memoria.

  2. Con ellas y ellos ubicaremos los cursos de agua, los ríos, lagunas, nacientes, humedales, ubicaremos en nuestra madre tierra cuáles continúan vivos aún para protegerlos y cuáles se han perdido para rescatarlos, sembrando las especies de la flora y la fauna que nuestras abuelas y abuelos recuerdan nacían originariamente en esos lugares y son parte vital del ciclo el agua.

  3. Identificaremos en nuestra cuenca a las organizaciones e instituciones involucradas con la protección de la naturaleza y nos organizaremos para defender los ríos desde nuestras comunidades. Mapearemos también los pasos de animales salvajes y los sitios sagrados.

  4. Ubicaremos en estos mapas a las familias y transnacionales de la agroindustria que mantienen monocultivos y utilizan agrotóxicos que contaminan el agua, para problematizar colectiva y comunitariamente las causas y efectos de dicho modelo y compartir saberes, tecnologías y técnicas que permitan avanzar hacia el retorno al modelo agrícola ancestral y la armonía con la naturaleza.

5. Ubicaremos en los mapas las zonas de tala de madera y nos organizaremos para lograr su prohibición.

6. Ubicaremos las empresas del capital nacional o transnacional, medios de comunicación, organizaciones, instituciones y actores (armados, extranjeros, militares, religiosos, visitantes, etc.) que se hayan apropiado y estén comercializando nuestras aguas superficiales, subterráneas, o las que caen del cielo, así como también señalaremos las leyes nacionales que lo permitan.

7. Mapearemos la infraestructura relacionada con el agua potable y el agua servida y el proceso de deposición en nuestras aguas de los residuos industriales y residuos humanos.

8. Nos organizaremos comunitariamente para ordenar el uso del territorio en nuestras cuencas: Pendientes fuertes para reforestar con árboles; partes planas para cultivos protectores, etc.

9. Igualmente, identificaremos nuestras capacidades productivas: sabemos que no somos monoproductores y que con el Trueke podemos romper la dependencia del dinero.

- Nos cuestionamos y problematizamos la concentración de la población en ciudades y el modo de vida, la ingeniería y hábitos asociados: el uso indiscriminado e irracional del agua potable en nuestra cotidianidad, los botes de agua, la contaminación por detergentes, el derroche con hábitos inadecuados y la deposición de excretas y el orine que generan aguas residuales. En el caso de Venezuela, el modelo que está utilizando el estado para las nuevas viviendas agrava el problema del agua porque repite e induce este modelo. Por ello proponemos:

1. Hacer talleres locales y regionales para enseñar el manejo del agua y del orine, y su uso para la agricultura.

2. Nos comprometemos a registrar, medir, proyectar y sistematizar cuánta agua derrochamos y contaminamos en nuestra vida cotidiana y qué tecnologías y soluciones podemos aplicar desde nuestros espacios.

3. Es urgente que desde nuestras comunidades y desde el estado, desarrollemos nuevas tecnologías para abordar el uso irracional del agua potable en casas, escuelas, nuevos urbanismos, edificios del estado, etc. Por ello decidimos organizarnos en Comités de Ciencia y Tecnología Cimarrones para problematizar esta situación e incorporar tecnologías como las casas productivas de Fruto Vivas, baños secos, biodigestores, centros de acopio, la utilización de láminas metálicas de color negro de 1 metro cuadrado, para evaporar al sol el orine, así como tecnologías para mejorar los estándares del agua potable para consumo humano a través de filtros vivos, entre otras, en nuestras comunidades. Llamamos al estado a incorporar en sus edificios tecnologías que no utilicen agua.

• Apoyaremos las acciones necesarias para lograr que los ríos del Estado Yaracuy donde se realizó esta 1ra Internacional Ecosocialista sean nuevamente navegables y revertir sus procesos de contaminación.

LARGO ALCANCE

La creencia en el regreso del agua clara / La restauración del paraíso en la tierra.

- Los ríos, océanos, lagos y demás cuerpos de agua del mundo se encuentran totalmente descontaminados y desacidificados, como en el principio, cuando del agua comenzó la vida la vida.

- Los ríos, océanos, lagos y demás cuerpos de agua del mundo son nuevamente navegables, como en el principio, intercomunicando los diferentes territorios y socio-biorregiónes. En el caso particular de Sudamérica, las cuencas del Orinoco, Amazonas y Del Plata están unidas y los ríos que las componen permiten la interconexión al interior de la Matria/Patria Grande.

Tierra

EL CUERPO DE LA MADRE TIERRA

Estrategias y acciones para retomar la gestión
de nuestra comida y nuestra salud

No dejaremos la soberanía alimentaria solo en manos del estado, sino que la asumiremos las comunidades, desde la preservación de la cultura conquera, desde sus portadores los conqueros y las conqueras, y desde del conuco. El conuco no es solo una forma de producción basada en el policultivo y la propiedad social, sino un modelo civilizatorio. Con el conuco cuidamos la tierra, el agua, los embriones y las semillas, dejándolas para las nuevas

generaciones. Con el conuco garantizamos nuestras propias formas de producción, germinación, distribución, procesamiento, gastronomía, conservación de la semilla (con el sol, brisa, sal, barro, humo, ceniza, etc.) y además nos proveemos de proteína de origen animal (gallina, pavo, pato, cerdo, conejo, etc.) y del burro para el transporte. El conuco no es atraso. Promoveremos la Konukonciencia o conciencia del conuco en todas las expresiones y traducciones que esta tiene en las diferentes culturas ancestrales de la Madre Tierra. Sembraremos también, además de las semillas nativas, autóctonas y campesinas, la semilla de la solidaridad y la cuidaremos hasta cosecharla, practicándola en todo momento, en todas partes, con todas y todos.

CORTO ALCANCE

Las luchas anticonsumistas / Las luchas antitransgénicas /
La contaminación / Las milicias de salud

- Promover campañas informativas de gran impacto, donde se muestren y expliquen los efectos negativos y problemáticas socioambientales generadas por el uso de transgénicos y agrotóxicos, que propicien debates, conversatorios y asambleas tanto en comunidades rurales, urbanas, escuelas, universidades, espacios laborales, entre otros.
- Diseñaremos y promoveremos campañas comunicacionales en los 5 continentes sobre la reivindicación y revalorización de lo que nuestros abuel@s consumían, apuntando entonces a sus usos y consumos conscientes, propiedades alimenticias, espirituales, simbólicas, curativas, así como con sus determinadas dosificaciones. Estos mediante las redes sociales, infografías, murales, grafitis,

creaciones literarias, periódico murales, revistas, micros radiales, entre otros materiales audiovisuales.

- Crearemos una campaña de educación y concientización en las escuelas para minimizar los efectos negativos en el ambiente producto del uso indiscriminado de plástico desechable. También promoveremos la creación de instrumentos legales como leyes, decretos, etc. que regulen y limite el uso de plástico en todos nuestros territorios.

- Implementaremos o realizaremos jornadas de entreayuda, kayapas, mano vuelta* y trueke en los pueblos, como estrategias para fomentar las costumbres ancestrales, incrementando de esta manera el sentido de comunidad, solidaridad y corresponsabilidad, necesario para el buen vivir.

- Trabajaremos para transmitir y multiplicar la experiencia de la creación popular de la "Ley de Semillas de Venezuela", antitransgénica, antipatente y protectora de las semillas locales, indígenas, afrodescendientes y campesinas, en los diversos territorios para que la semilla sea considerada como fundamento de vida, soberanía y libertad. Para esto se hace necesaria la difusión de dicha experiencia tanto por vías orales, impresas, digitales, entre otras.

- Los movimientos y organizaciones que formamos parte de la Primera Internacional Ecosocialista adherimos a la alianza intercontinental contra las transnacionales de los

---

* Kayapas, Mano Vuelta: término y/o forma indígena ancestral que designa el trabajo y esfuerzo colectivo que se convoca con entusiasmo para sembrar, cosechar, abrir un camino vecinal, etc. teniendo en cuenta siempre el auxilio a los más necesitados o incapacitados, basado en el intercambio solidario de servicios sin retribuciones monetarias.

transgénicos, lideradas por MonBayer (Monsanto y Bayer), enemigas de la vida en el planeta, desde la solidaridad con los pueblos más afectados por estos venenos, como el Archipiélago de Hawai'i (Kanaka Maoli), donde se produce un altísimo porcentaje de estos transgénicos y por lo tanto tienen una lucha avanzada hacia la derrota definitiva de la biopiratería a manos de los Pueblos del Mundo organizados y movilizados.

- Crearemos las milicias de salud conformadas por un contingente de curander@s, sobador@s, parter@s, enfermer@s, médic@s comunitarios, konuker@s, sabi@s, ancian@s, maestr@s pueblo, chaman@s, mujeres y hombres libros vivientes, etc. que enhebren conocimientos y prácticas que permitan promover la autogestión de la salud en nuestras comunidades.

MEDIANO ALCANCE

El trabajo de l@s guardian@s de semillas / La retoma del konuko, la chacra, el ayllu, las chinampas y otras formas de agricultura originaria / La seguridad y la soberanía alimentaria / La agroecología / La conservación de bosques y montañas / El manejo de residuos sólidos / La alimentación saludable / La medicina integral comunitaria / Los medicamentos genéricos / La salud mental

- Socializaremos y visibilizaremos el trabajo de l@s Guardian@s de Semillas desde las diversas realidades territoriales, fundamentándonos en su reconocimiento como l@s máximos defensor@s de nuestra soberanía e identidad cultural y alimentaria. Promoveremos la autoorganización de Consejos Populares de Resguardo de Semillas Locales,

Indígenas, Afrodescendientes y Campesinas, a lo largo y ancho de nuestra Madre Tierra, que actúen como tejidos estratégicos para su cuidado, multiplicación y diseminación. En el caso de Venezuela que estos Consejos sean reconocidos como máxima organización autónoma con rango constitucional, con el deber y derecho de dar continuidad y seguimiento a nuestra ley popular de semillas, instrumento respaldado por procesos de base, considerándose junto a las experiencias de Ecuador y Bolivia, como referentes universales para impulsar nuevas experiencias e iniciativas en otros países hermanos.

- Realizaremos e impulsaremos en todos nuestros territorios investigaciones locales, desde las comunidades, escuelas, universidades, organizaciones sociales, y otros espacios, sobre las plantas y semillas autóctonas, su protección y conservación, las tecnologías ancestrales para sembrarlas, multiplicarlas y protegerlas, profundizando en sus propiedades alimenticias, medicinales, sus usos, tratamientos y procesamientos adecuados, respetando las cosmovisiones ancestrales.

- Fortaleceremos la siembra de rubros locales libres de transgénicos, patentes y agrotóxicos en los diversos territorios y según sus realidades, preservando, conservando y multiplicando sus semillas a través de conucos/chacras/ayllus/ etc., granjas y siembras urbanas, como espacios proveedores de éstas.

- Realizaremos programas para la producción, distribución y uso de bioinsumos agrícolas, a partir de la recolección de desechos orgánicos en las comunidades urbanas y rurales, así como también fomentaremos la difusión y formación en técnicas para el manejo integral y ecológico de los espacios productivos revalorizando y recuperando lo ancestral.

- Promoveremos la despenalización de todas las plantas milenarias para usos alimenticios y medicinales, para que no sigan siendo marginadas, cortando así las políticas al servicio de las industrias farmacéuticas transnacionales que las criminalizan, desplazan y patentan. Recuperaremos además las medicinas, conocimientos, métodos y prácticas ancestrales y tradicionales, incluyéndolos en todos los centros de salud pública y privada, con programas de formación, capacitación y práctica. Promoveremos además una legislación en favor de la medicina ancestral-natural que permita su reconocimiento, revalorización y aplicación, e impida su penalización o que dichos conocimientos colectivos sean patentados.

- Proponemos el modelo original del IALA* "Paulo Freire"† como una estrategia de formación en Agroecología de los movimientos campesinos para ser adaptada y replicada en otros continentes del mundo.

- Difundiremos los avances y experiencias que los guardaparques (institucionales o comunitarios), sensibles al ecosocialismo, han adelantado para hacer de las áreas protegidas, espacios ecológicamente productivos, impulsando una nueva concepción de esos territorios; a su vez

---

* Instituto Universitario de Agroecología Latinoamericano: Aquí estudian Agroecología miembros de Movimientos Campesinos Venezolanos y de otros países de Latinoamérica con el compromiso de una vez graduados retornar a trabajar en sus movimientos y a socializar su conocimiento.

† Paulo Freire: gran educador popular brasileño que escribió entre otros libros *Pedagogía del oprimido* y *La educación como práctica de la libertad*.

transformaremos la percepción de las áreas protegidas como mercancías del turismo depredador, solo para el disfrute androgénico, en espacios de convivencia adonde exista un nuevo ordenamiento socio-territorial sin divisiones.

- Promoveremos la multiplicación de la política implementada por la experiencia de la Escuela Latinoamericana de Medicina "Dr. Salvador Allende" en todos los continentes, como espacios universales para la enseñanza de saberes en torno a la salud integral, a partir de las cosmovisiones ancestrales como la medicina indígena, china, ayurveda, entre otras y donde se asuma y reconozca el vínculo sagrado e indivisible entre las semillas generadoras de vida, el alimento y la medicina. Estos a través de las alianzas y conexiones con las diversas organizaciones que vienen trabajando con esta bandera de lucha (autogestión de la salud) y que hacen vida en los distintos puntos cardinales de nuestro planeta.

- Comprendemos que al igual que la Madre Tierra los seres humanos también estamos contaminados, es por ello que promoveremos e impulsaremos intercambios de saberes en torno a técnicas ancestrales-milenarias que nos ayuden a encontrar la paz y armonía interna, de forma individual y colectiva, sin que ello implique beneficios económicos para las personas que tengan dominio de esos saberes.

- Fortaleceremos y seguiremos promoviendo las experiencias consolidadas (espirales de kreación urbana familiar, sistemas de trueke, Ocupa, entre otros) que fomentan practicas autónomas fundamentadas en las culturas ancestrales que influyen positivamente en la salud mental individual y colectiva, porque promueven otras formas de relaciones entre el ser humano y la madre tierra, desde la realidad que somos, generando soluciones desde lo micro a lo macro, reconstruyendo un gran tejido pluricosmovisionario, transformador, mediante ejemplos concretos e integradores que disipan y abren grietas en el gran fraude de la sociedad capitalista disociadora en la que estamos sumergidos.

- Promoveremos, a través de espacios como las ferias populares gastronómicas, la alimentación sana, cercana, sabrosa y soberana donde se intercambian, multiplican y demuestran los saberes populares y ancestrales en torno a la gastronomía autóctona, desde lugares cotidianos como las escuelas, la universidades, comunidades, parques, plaza, espacio de laborales, entre otros.

- Sembraremos moringa oleifera, amaranthus y phylanthum niruri alrededor del mundo, entre los trópicos de cáncer y capricornio, para la soberanía alimentaria y de salud.

- Capturaremos el exceso de carbón en la atmosfera con planes de siembra mundial. Investigaremos sobre las plantas y técnicas que tienen mayores posibilidades de capturar carbón y las sembraremos y las aplicaremos, desde árboles hasta bolitas de semillas, según los territorios y sus respectivas condiciones sociales y ecológicas.

- Diseñaremos y estableceremos bosques de alimentos según los diversos territorios y realidades que permitan garantizar alimento, oxigeno, recuperación de fauna y semillas autóctonas.

LARGO ALCANCE

*El reflejo de la medicina ancestral natural en el futuro /
Una salud rehumanizada / La identidad alimentaria
de l@s bienvivientes en cada uno de los territorios.*

- Reestableceremos las formas ancestrales de vida y los niveles organizativos óptimos que nos posibiliten el buen vivir como son el konuko, la milpa, la chacra, entre otras formas de producción y de vida, desarrollando plenamente su potencial en la construcción de comunidades cósmicas, logrando haber superado los efectos propagandísticos, adoctrinadores y la imposición de patrones culturales por parte del capitalismo.

Fuego
LA ENERGÍA DE LA MADRE TIERRA

Estrategias y acciones para retomar nuestras
economías de entreyuda, nuestras tecnologías
ecosocialmente apropiadas y apropiables y
nuestras fuentes de energía renovable

CORTO ALCANCE
Las luchas anticapitalistas / Las luchas antinucleares

- Hacemos un reconocimiento especial a los pueblos de Taria, Palmarejo y Agua Negra, del Municipio Veroes, Estado Yaracuy, República Bolivariana de Venezuela, como ejemplo de la práctica del Ecosocialismo.
- Impulsar campañas informativas y de acción concreta contra el fracking y la guerra nuclear en todo el mundo por atentar contra la Madre Tierra y poner en peligro la supervivencia de la especie humana y demás formas de vida en ella.

MEDIANO ALCANCE
*El sindicalismo / La práctica de los sistemas de trueke
o intercambio solidario / Las Energías renovables
y ecotecnias / La justicia climática / Las industrias
cooperativas / La migración a una economía ecosocialista.*

- Promoveremos la transformación radical de los sindicatos convocándolos a liderar desde su seno, con su fuerza económica y organizativa, la migración hacia el ecosocialismo en el mundo. En un primer momento, desinvirtiendo de la economía extractivista y de "Wall Street", buscando luego invertir en las economías de solidaridad, por ejemplo, mediante el apoyo a proyectos productivos agroecológicos, industrias cooperativas y empresas de propiedad social; y que también cumplan un papel preponderante en la re-apropiación del capital social captado por la clase capitalista y las corporaciones transnacionales.

- Activaremos, difundiremos y consolidaremos en todo el mundo sistemas de trueke o intercambio solidario, directo o con uso de facilitadores de trueke, pero sin utilización de dinero, como organización de los prosumidores (productores y consumidores consientes a la vez) considerando las prácticas de nuestros pueblos originarios y la experiencia de los sistemas de trueke en Venezuela. Estos sistemas han funcionado como espacios de anticonsumismo, lucha, resistencia y recuperación del sentido de comunidad y de identidad, de fortalecimiento de los lazos de amistad y desmercantilización de nuestras vidas. En ellos también se promueve la educación liberadora, la gestación y parto consciente, la crianza colectiva y con amor, la solidaridad y el apoyo mutuo, además del intercambio de productos sanos, servicios, saberes y sabores. También han servido para revalorizar y restaurar la espiritualidad de nuestros ancestros, rescatar y multiplicar nuestros embriones y semillas para una agricultura orgánica, desde las necesidades y no desde la avaricia, para darle a la Madre Tierra nuevas formas de economías de entreayuda con espiritualidad.

- Crearemos, desarrollaremos y promoveremos economías de solidaridad que sean explícitamente anticapitalistas, fundadas en la ecología, como por ejemplo, Unidades Socioproductivas Alternativas que incorporen los principios acordados en ésta 1ra Internacional Ecosocialista, así como otros sistemas, cooperativas y formas de producción y de vida, en todas las áreas, para atender las necesidades humanas, no a la satisfacción de la codicia, que no dependan del capitalismo, utilizando estas como fundamentos para la migración a una economía ecosocialista, para crear una nueva forma de pensar e ir logrando el debilitamiento del capital.

- Promoveremos la toma de conciencia de los pueblos de los EEUU, Unión Europea y demás naciones "desarrolladas" de su corresponsabilidad en poner fin a este sistema de muerte que pone en peligro la supervivencia de la especie humana y en la migración hacia un sistema amigable con la Madre Tierra que no es otro que el Ecosocialismo. Esto podrá expresarse de múltiples y diferentes maneras, como por ejemplo, eligiendo y controlando mejor a sus gobernantes y mediante la exigencia hacia sus gobiernos del pago de reparaciones económicas por los daños y el crimen de la esclavitud y colonialismo, por los daños que han causado al mundo con sus guerras y el cambio climático, por el genocidio sostenido contra Latinoamericanos y Afrodescendientes entre otros.
- Avanzaremos en un proyecto de energía solar internacional y comunitario, enfocado en recaudar fondos colectivamente para financiar 3 o 4 granjas solares cada año entre las organizaciones y comunidades parte de la Primera Internacional Ecosocialista.
- Impulsaremos en todo el mundo la creación de Universidades de Alta Tecnología para desarrollar la producción de

energías renovables y difundirlas a las comunidades para que puedan reproducirlas. En el caso de Venezuela, solicitamos al gobierno de la República Bolivariana el reimpulso del parque eólico de la Guajira y de Paraguaná, ya instalados, para la potenciación del programa Sembrando Luz, de energía solar y eólica, ya que se cuenta en el país con el talento humano necesario para hacerlo, y con carácter de urgencia, debido al contexto de guerra económica en que vivimos, desarrollando alternativas distintas al petróleo para diversificar la economía.

- Proponemos al pueblo y a su gobierno revolucionario que Venezuela lidere la transición al 100% de energías renovables en Latinoamérica, usando parte de su petróleo para crear e implementar un sistema de energías y tecnologías solares, eólicas, geotérmicas, etc. para garantizar la migración hacia el Ecosocialismo o Comunismo solar, para crear un mundo posible, captando la energía del sol y otras fuentes renovables, sin el impacto negativo de los fósiles. Para esto podría trabajarse en cooperación entre Venezuela, Bolivia, Ecuador y Cuba, entre otros, solicitando una negociación con China, de intercambio de petróleo por la provisión de tecnología solar y eólica, energías renovables, no solo para producir, sino para dar energía a otros pueblos.

LARGO ALCANCE
El reflejo del socialismo ancestral comunitario en el futuro / La autonomía y autosuficiencia económica a nivel territorial

- La utopía nuestra la asumimos como un viaje eterno, con paradas y retrocesos; hacia la felicidad posible y soñada. El ecosocialismo lo encontramos en lo aborigen y en lo ancestral de los pueblos de la humanidad, en lo indígena, afro-descendiente y campesino.

- Cosechar el socialismo del siglo XXI y todos los siglos para llegar al comunismo solar, acuático, eólico … con todas las espiritualidades en convite, la defensa común, la integración libre; idiomas y formas de intercambio sin perder la autonomía y la originalidad. Unidos en la diversidad.

ConvocatoriA

PRIMERA INTERNACIONAL ECOSOCIALISTA

ENtre Tejiéndonos a La Madre Tierra

Cumbre de Veroes, Yaracuy, República Bolivariana de Venezuela
31 de Octubre al 3 de Noviembre de 2017

Aire

LA VOZ DE LA MADRE TIERRA

Estrategias y acciones para retomar la gestión de nuestra educación/comunicación liberadora y para la defensa de la paz, los derechos y el buen vivir viviendo

La mujer campesina tiene un papel fundamental en la resistencia cultural de los distintos modelos de vida y agricultura ancestrales, pero la mentalidad patriarcal aún es dominante. Por ello es vital la participación en la formación antipatriarcal de hombres y mujeres, para la transmisión de la cultura del cuidado de la vida, tanto en nuestras prácticas políticas, como en las cotidianas, para erradicar la criminalización de los hermanos que luchan por sus derechos, como pueblos o naciones indígenas. Entendemos que la explotación y destrucción de la naturaleza está relacionada con el surgimiento del patriarcado que condujo a las jerarquías, estados y naciones estados.

Promovemos la transformación del sistema educativo desde el preescolar hasta el doctorado, siendo la escuela instrumento del capital, tenemos que asumir el debate sobre qué se está enseñando en ella. Transformemos la educación para crear una nueva relación con la madre tierra, desde el aprender haciendo, aprender jugando, desde los preescolares, que deben ser determinantes en la enseñanza del ecosocialismo en nuestros niños y niñas, sin imposiciones, creando y proliferando centros infantiles comunitarios como espacios de socialización para las nuevas generaciones, dándole un carácter ecosocialista y colectivo a la crianza, en función del buen vivir de nuestros pueblos. Hasta la transformación del modelo productivista en el que están todas las universidades de Venezuela y del mundo. Tenemos que descolonizarnos.

CORTO ALCANCE

Las luchas antimachistas / Las luchas antipatriarcales / Las luchas antixenofóbicas / Las experiencias de educación y comunicación popular

- Conformaremos en todo el mundo Círculos de Mujeres y Círculos de Hombres, antimachistas y profeministas en pro de la armonía/equilibrio, hacia la equidad horizontal y la diversidad, buscando el cuidado de sí mism@s y de las relaciones con las demás personas, familias, comunidades, pueblos, territorios y la Madre Tierra. Estos Círculos tienen el propósito de combatir la destrucción de la vida en nosotr@s y nuestro entorno, así como las violencias machistas contra las mujeres, personas no heterosexuales y genero diversas. También son espacios para propiciar conversaciones dirigidas a crear nuevas formas de pensar, cuidar la salud sexual y reproductiva, propiciar las paternidades y maternidades antipatriarcales, que suponen la corresponsabilidad en el trabajo no remunerado en el hogar y comunidad bajo una ética de la responsabilidad y el cuidado de base feminista y ecosocialista.
- Continuaremos la lucha por la liberación de l@s Presos Políticos en cualquier lugar del mundo donde éstos se encuentren.
- Continuaremos con la constitución de una escuela de formación de líderes/facilitadores ecosocialistas al servicio

de la otra diplomacia (el entendimiento entre los pueblos en armonía con la Madre Tierra) que posibilite la viabilidad de este plan de acción conjunto y de la ruta de lucha de esta Primera Internacional Ecososcialista. Tiene como principios éticos: la formación desde el intercambio permanente de experiencias, la entrega al colectivo ecosocialista en oposición al individualismo capitalista y responde a la aplicación de los tres autos: autogestión, autosostenimiento y autonomía. Esta escuela tendrá sedes fijas e itinerantes en los cinco continentes y debe incluir en su currículo el afianzar las raíces y sentido de pertenencia de sus integrantes,

así como entre otras cosas el conocimiento e integración de los Movimientos Sociales en el mundo, el manejo de metodologías enmarcadas en la educación popular liberadora que potencien la participación protagónica de los pueblos, que visibilicen sus situaciones, escuchen y hagan conocer su voz, con manejo de varios idiomas.

- Plantearemos los currículos autóctonos, que no sean atrofiados y que obedezcan a la esencia del ser humano más que a las estructuras coloniales, donde se reconozca la existencia de un conocimiento, que preservo y conservo la semilla nativa como ha sido la escuela konukera (de la agricultura campesina originaria) y que reivindique las culturas propias y los saberes milenarios para que sean heredados por nuestr@s niñas niños y adolecentes.

- Promoveremos el ejemplo de las Maestras Cimarronas de Veroes trabajando los proyectos de Calendario Productivo Socio-Cultural* para la recolección y recuperación de semillas y embriones, la gastronomía, artesanías, danza, música, el trueke y el konuko escolar, la siembra de agua y la reforestación de cuencas a fin de garantizar en diez generaciones siguientes la recuperación del agua en cada rincón de nuestro planeta. Todos estos proyectos, desarrollados como prácticas pedagógicas e instrumentos posibilitadores de la participación de niños, niñas, las familias y la escuela.

---

* Calendario Productivo Socio-Cultural es un programa de educación popular liberadora desarrollado desde hace muchos años en Venezuela a lo largo de los cuales a facilitado diversas herramientas pedagógicas innovadoras. Es la representación en el tiempo de los saberes comunitarios como base curricular.

- Promoveremos y fortaleceremos las Escuelas de Tradición, desde la experiencia ejemplar de Mní Wičhóni Nakíčižiŋ Owáyawa/Escuela de Guardianes del Agua, del pueblo Lakota, que parten del trabajo con nuestros niños y niñas, dada su pureza, ingenuidad y su ternura, elementos que representan un faro de luz en la lucha contra el capitalismo y sus elementos de dominación como el machismo y el patriarcado, por lo que expresamos que el proceso de formación que se desarrolle con nuestros niños y niñas constituye una responsabilidad monumental que nos convierte en los facilitadores de una formación que a mediano y largo alcance logre su conexión con la tierra y las estrellas, a partir de los saberes ancestrales de las culturas originarias como garantes de éste ciclo histórico hacia la conformación de la nueva humanidad.

- Reconocemos la labor desarrollada por el Colectivo de Artistas TARING PADI de Indonesia, que a partir de herramientas visuales, involucra a niños y niñas y a sus familias, campesin@s y obrer@s, en lugares impactados por transnacionales depredadoras, convirtiendo a la gráfica en un motor liberador de la conciencia de los pueblos. En tal sentido creemos en la importancia de replicar este tipo de experiencias en otros lugares del mundo como herramienta formativa para el enfrentamiento de la violencia. Dada la importancia del arte visual como herramienta para la comunicación y la formación nos comprometemos con la elaboración de materiales ilustrados para niños y adultos a fin de reflejar aspectos de la vida cultural de los pueblos para su divulgación y conocimiento. En esa perspectiva conformamos un equipo constituido por compañeras y compañeros de la Primera Internacional Ecosocialista para que asumamos la elaboración de dichos materiales.

- Decidimos Unir y entretejer en alianzas nuestras luchas. Por ello:
  1. Nos unirnos para la salvación de la Madre Tierra. Por ello tejemos alianzas para llevar esta información a cada foro o encuentro, comprometiéndonos especialmente las y los participantes extranjeros en desarrollar una campaña para que los pueblos hermanos de todo el mundo conozcan lo que planeamos en la 1era Internacional Ecosocialista.
  2. Daremos a conocer a través de correos electrónicos, una sección en Wikipedia sobre la I Internacional Ecosocialista, redes sociales, páginas web, radios, publicaciones impresas y otros medios, nuestras experiencias exitosas para facilitar su multiplicación nacional e internacionalmente de acuerdo a cada contexto. Abordaremos lo telemático para la formación, información, difusión y comunicación de lo que estamos discutiendo aquí.
  3. Ponemos a disposición el periódico Lucha Indígena, donde abriremos una sección especial dedicada a difundir las acciones de esta 1ra Internacional Ecosocialista. Pueden enviarse noticias de las luchas de los pueblos indígenas y/o del cumplimiento de este plan de acción conjunto a la dirección de correo electrónico: luchaindigena@gmail.com.
- Haremos uso de las nuevas tecnologías y redes sociales a los fines de mantener el intercambio entre nosotr@s, en

la perspectiva compartir información, saberes, conocimientos, luchas y acciones de éste plan, pero sobre todo entendiendo que lo virtual no sustituye el intercambio físico, y empujando para que las reuniones presenciales entre nosotr@s puedan contar con la magia del encuentro como espacio posibilitador de acercamientos, miradas y reconocimientos mutuos.

MEDIANO ALCANCE

El desplazamiento / L@s refugia@s políticos
y climáticos / Las mujeres / Las milicias
de paz / Los movimientos sociales

- Reconocemos, ante los procesos migratorios producto del cambio climático, guerras, agresiones, problemas de orden político, etc., a los desplazados y refugiados político-climáticos como nuevos actores sociales victimas del desarraigo y como potenciales sujetos revolucionarios de este nuevo tiempo, que contaran también, como los pueblos en lucha, con nuestra atención y apoyo prioritario. Creemos de igual manera que la elaboración de sus "Mapas de Origen" permite desarrollar un proceso de recuperación de su identidad, resguardo de la memoria histórica, su autorreconocimiento étnico territorial y su fortalecimiento espiritual ante el padecimiento en carne propia del terrorismo como fase terminal del capitalismo.

- Promoveremos la socialización y análisis de las leyes existentes en cuanto a ambiente, agua, tierra y otras que permitan activar a los colectivos organizados a través del empoderamiento de las mismas para que sean garantes de su aplicación y contraloría.

- Trabajaremos socialmente en todos los territorios del mundo para que se nos permita parir y nacer con amor y placer, con respeto y confianza, creando las condiciones legales y humanas para hacer de este acto sublime y primario, el instante más deseado, sentido, cuidado y amado; y nos empoderaremos como madres y padres para decidir el cómo, cuándo, dónde y el sí o no tener a nuestro hijo/hija. Lucharemos por los derechos de l@s niñ@s y el derecho de las mujeres a una vida libre de violencia obstétrica. Promoveremos el parto natural en las casas y el apoyo a las parteras tradicionales que acompañan a traer la vida al mundo para favorecer el derecho de todxs a un Buen Nacer. Incentivaremos el reconocimiento del conocimiento ancestral de las Parteras y favoreceremos su inclusión en las legislaciones públicas, privilegiando especialmente su consideración en los textos constitucionales. Estimularemos la creación de Escuelas de Parterías Tradicionales en todos los países del mundo.

- Nos comprometemos, tod@s l@s adherentes a la Primera Internacional Ecosocialista que tengamos niñ@s a implementar el plan de acción en primer lugar adentro de nuestras propias familias. (Enseñaremos a nuestros niñ@s idiomas originales; compartiremos el trabajo no-renumerado de hogar con equidad, etc.)

- Nos comprometemos a ir incrementando los niveles de conciencia conformándonos en un instrumento de educación masiva y en un puente entre fuerzas y proyectos radicales de justicia social y ambiental existentes, organizaciones y movimientos político-sociales con perfiles Ecosocialistas, favoreciendo su interconexión a través de ésta 1ra Internacional Ecosocialista y su plan de acción, actuando como catalizadores de nuevas fuerzas e iniciativas, para alcanzar en todos los países del mundo, la justicia económica, ecológica y climática, de manera interrelacionada y armónica.

- Protegeremos y promoveremos la Vida Salvaje para que ésta crezca en Abundancia, sin miradas de beneficios económicos, como condición indispensable para recuperar y restaurar la Madre Tierra.

- Promoveremos el entrenamiento en defensa personal y uso de armas, para la protección y libertad de todas las mujeres del mundo.

- Nos comprometemos a luchar de manera permanente hasta lograr la abolición de las corridas de toros y otros atentados aberrantes similares violatorios de los derechos de los animales y promotores de una cultura de la muerte, el sufrimiento y la tortura como espectáculo.

- Reconocemos las prácticas desarrolladas por el Movimiento Sarvodaya Shramadana de Sri Lanka, y particularmente su Ejercito de Paz (Shanti Sena), que interviene en los escenarios de guerras y conflictos, a partir de acciones directas de carácter no violento, incluyendo la meditación como instrumento de lucha para desmovilizar y/o desactivar los mecanismos del odio, la xenofobia, la confrontación y el miedo que buscan aterrorizar e intimidar a los pueblos, y nos comprometemos a la búsqueda de replicar estas prácticas en los cinco continentes del mundo y a activarlas ante cualquier riesgo inminente de Fascismo o Guerra Mundial.

- Crearemos una campana de educación, concientización y acción para regular, minimizar y a largo plazo acabar con el motor de combustión interno. También promoveremos la creación de instrumentos legales como leyes, decretos, etc. que regulen y limite el uso de carros privados en todos nuestros territorios, para poder respirar.

LARGO ALCANCE

Regresar al aprendizaje de los niños con los viejos como espejo del pasado en el futuro / La lectura de la realidad y lecturaleza

- Tod@s estaremos formados en la lectura de la realidad y Lecturaleza (Observación y aprendizaje de la Naturaleza) en las comunidades y los territorios, que nos permita a las personas interactuar con el contexto político, social, económico, y además, con las energías locales, plantas, insectos, agua, animales de nuestro entorno, como instrumento de encuentro, introspección y para el disfrute de la convivencialidad.

- Que todos los seres humanos hablen por lo menos dos idiomas; un idioma original de su territorio, y un idioma que les permite comunicar con otros territorios y continentes. Que también evolucionemos en nuestras capacidades comunicacionales y aprendamos/recordemos como hablar con animales/plantas, y también con las estrellas.

Ruta de Lucha de la Primera Internacional Ecosocialista

- Reconocemos al encuentro que fundo la Primera Internacional Ecosocialista en el Cumbe de Veroes como un referente sobre la metodología y la forma de relacionarnos

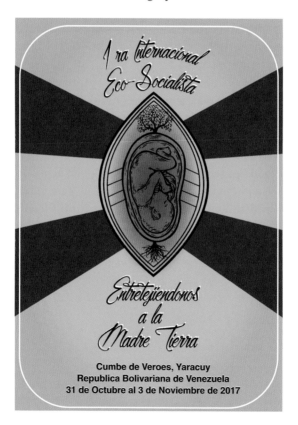

basado en el intercambio de experiencias, que permitió el establecimiento de vínculos entre comunidades y pueblos a partir del reconocimiento, permitiendo la convivencia sana y el aprendizaje de otras culturas en el marco del apoyo y respeto mutuo, por tal razón nos planteamos la réplica de esta modalidad en futuros encuentros de seguimientos del plan y/o ruta de lucha de ésta Primera Internacional Ecosocialista.

- Organizaremos cada año entre los días 31 octubre y 3 noviembre, Jornadas de Trabajo Colectivo y sincronizado planetariamente, para el cumplimiento del plan de acción.
- Facilitaremos el "1er Encuentro Internacional de Sembrador@s y Guardian@s de Agua" en el Estado Plurinacional de Bolivia, en noviembre próximo año (2018). La sede en Bolivia la deciden las y los bolivianos, y sugerimos los siguientes criterios:
  - Reconocer a las comunidades de Cochabamba que lucharon por el agua
  - Que nos reciban comunidades y movimientos de base
  - Tomar al agua como herramienta para la construcción de unión entre los pueblos que luchan por la Paz y su derecho al agua
- Desarrollaremos rutas de seminarios/conversatorios regionales durante de 2018 y 2019 para promover y fortalecer la 1ra Internacional Ecosocialista, enfocando en sumar más fuerzas de los 5 Continentes del Mundo para Retejer Pangea.
- Realizaremos encuentros y reuniones de la Primera Internacional Ecosocialista atendiendo a los criterios de apoyar a los pueblos más asediados y golpeados por el imperio y los grandes grupos de poder del mundo: Palestina,

Puerto Rico (Boricua) y Hawai'i (Kanaka Maoli), como ejemplos de luchas emblemáticas por la descolonización, y como parte de esta Ruta de Lucha que ira incluyendo también a otros pueblos, según estos mismos criterios enunciados.

- Programaremos para el seguimiento y ampliación del plan de acción de ésta 1ra Internacional Ecosocialista un Encuentro Panafricano de interrelación de NuestrAmérica con NuestraAfrica.

- Programaremos para el seguimiento y ampliación del plan de acción de ésta 1ra Internacional Ecosocialista un Encuentro en Sri Lanka de interrelación de NuestrAmérica con NuestraAsia.

SOLICITUDES Y DENUNCIAS

- Solicitamos al presidente Maduro que acelere los planes de siembra de peces autóctonos, de todos los embalses y otros espacios acuáticos ociosos de Venezuela. Invitamos a hacerlo a los movimientos sociales de otros países del mundo.

- Impulsaremos la aprobación de la Declaratoria de los Derechos de la Madre Tierra por las Naciones Unidas.

- Aún falta hacer Justicia con los autores intelectuales por el Asesinato del Gran Cacique Sabino Romero.

- Libertad para los jóvenes agricultores yukpas Rodolfo y Leonardo Fernández, hijos de la cacica Carmen Fernández, luchadora por la tierra.

- Exigimos la Liberación de la Presa Política Milagro Salas y Justicia por la desaparición y posterior asesinato de Santiago Maldonado denunciando la culpabilidad del Gobierno Argentino de Mauricio Macri en ambos casos.

AGRADECIMIENTOS

Agradecemos muy especialmente a todo el Pueblo de Agua Negra, Taria y Palmarejo y a las Organizaciones Anfitrionas: Colectivo de Maestras Cimarronas de Veroes, Red de Konuker@s Biorregión Occidente, Consejo Popular de Resguardo de Semillas "Cumbe Adentro" y Red de Organizaciones Afro de Veroes.

A la Alcaldía Bolivariana del Municipio Veroes, Gobernación Bolivariana del Estado Yaracuy, ZODI Yaracuy, Zona Educativa Yaracuy, Central Azucarera Santa Clara, Corpesca, Ministerio del Poder Popular para la Mujer e igualdad de género, Ministerio del Poder Popular de Ecosocialismo y Aguas, Ministerio del Poder Popular para la Cultura, Cancillería de la República Bolivariana de Venezuela, Casa de las Primeras Letras y a todas y todos los que de una u otra manera colaboraron para que esta Primera Internacional Ecosocialista pudiera nacer en la cuna del cimarronaje en la República Bolivariana de Venezuela, primer país en el mundo que se ha comprometido con el ECOSOCIALISMO desde su plan de gobierno.

PARTICIPANTES INVITADOS DE LOS SIGUIENTES PUEBLOS Y ORGANIZACIONES

De los Pueblos Indígenas de Venezuela, desde Amazonas
Bare, Piaroa, Piapoco, Jivi, Yebarana, Yanomami y Kurripaco y desde la Sierra de Perijá: Wayuu y Yukpa.

De las Organizaciones internacionales
Taring Padi de Indonesia (Oceania), Movimiento Sarvodaya Shramadana de Sri Lanka, Mesopotamian Ecology Movement de Kurdistán, Li Min Wu de China (Asia), Kenya Debt Relief Network, Africa Mother's Foundation de

Kenia, United African Alliance Community Center de Tanzania, Kebetkache
Women's Development Center de Nigeria, Community Change Africa de
Ghana, Amandla! Collective de Surafrica (Africa), Spring Forward Network
de Suiza, Revista Ecosocialista: Capitalismo, Naturaleza, Socialismo
de Italia (Europa), Resistance in Brooklyn, International Fellowship of
Reconciliation, War Resisters International, International Peace Research
Association, Committees of Correspondence for Socialism and Democracy,
Labor Community Strategy Center, Ecosocialist Horizons, Cooperation
Jackson, a new black arts movement, Climate Justice Project, the Dazzling
Swamp de EEUU, Mní Wičhóni Nakíčižiŋ Owáyawa/Escuela de Guardianes
del Agua (Pueblo Lakota), Colectivo de Música Afro-Yaqui (Pueblo Yaqui),
Ojos de la Tierra de México, Movimiento Peyizam Papaye de Haití, Revista
Lucha Indígena y Federación Campesina de Perú, Comité de Defensa del
Patrimonio Nacional de Bolivia, Familiar de desaparecidos por Razones
Políticas de Argentina, Guardiana de Semillas de Ecuador.

De las Organizaciones nacionales

Círculos Bolivarianos en New York, Movimiento Ambientalista
Venezolano, Colectivo INDIA (Instituto de Investigación y Defensa Integral
Autogestionaria) de Caracas, Circulo de Hombres de Caracas, Calendario
Productivo Socio-Cultural, Escuelas Populares de Semillas y de Piscicultura
de Apure, Sistema de Trueke de Mérida, Consejo Popular de Resguardo
de Semillas Los Mintoyes de Mistajá, Escuela de Parteras AMAY KARA
de Mérida, Red de Konuker@s Biorregión Andina de La Azulita, Mérida,
Unidad de producción Audiovisual Semilla de Paz, Comuna Agroecológica
El Tambor de La Azulita, Mérida, Red de Konuker@s "Cumbe Adentro"
de Veroes, Yaracuy, Colectivo de Maestras Cimarronas de Veroes, Yaracuy,
Asociación Tambores de Taria, Veroes, Yaracuy, Konukos Escolares de
Veroes, Yaracuy, Cumbe Afro Agua Negra, Veroes, Yaracuy, Cumbe de
Conuqueros El Esfuerzo de Taria, Veroes, Yaracuy, Red de Organizaciones
Afro de Yaracuy, Sistema de Trueke Urachiche, Yaracuy, Comuna Ali
Primera de Urachiche, Yaracuy, Consejo Popular de Resguardo de Semillas
de Yaracuy, Epatu Konuko de Aragua, Guerrilla Republik Vzla, Sistema de
Trueke Paraguachoa de Nueva Esparta, Sistema de Trueke L@s Pariagotos
de Sucre, Sembradores de Agua de Maturincito la Cumbre, Sucre,
Diseminadores de Semillas de Lara, Consejo de Sabios, Monte Carmelo,
Lara, Universidad Campesina de Venezuela "Argimiro Gabaldón" de Lara,
Consejo Popular de Resguardo de Semillas "Renato y El Caimán" de Monte
Carmelo, Lara, Colectivo de Investigación "El Maestro Café" de Sanare,
Lara, Emisora Comunitaria Sanareña 101.9 FM de Sanare, Lara, Movimiento
Agroecológico Paulo Freire de Barinas, Sistema de Trueke Guapotorí
Guaicaipuru de Los Teques, Miranda, Taller Urquía Amaru de Miranda,

Colectivo Tapiramo, Frente de Campesinos Argelia Laya, Municipio Páez, Miranda, Proyectos Productivos CLAP Fco de Miranda Mpio. Guasimo de Táchira, Compañía de Títeres Kirimarí de Táchira, Colectivo Todo es Creación, Valera, Trujillo, Red de Comuner@s del Valle del Momboy, Valera, Trujillo, Colectivo Cimarrón de Maracaibo, Zulia, Organización Maikiraalasalii—Los que no se venden de la Sierra de Perija del Socuy de Zulia, Movimiento Onda Comunal de Portuguesa.

COMO SER PARTE DE LA PRIMERA INTERNACIONAL ECOSOCIALISTA

En primer lugar, creemos con José Martí que "la mejor manera de decir es hacer." La forma de ser parte de la Primera Internacional Ecosocialista es comprometerse con el cumplimiento de una o varias de las acciones de esta estrategia y plan conjunto. De esta manera, sus colectivos, organizaciones o movimientos serán "parte de la 1IES"; nadie individualmente es la 1IES, solo tod@s junt@s lo som@s. Si quieren adherir para que el nombre de su colectivo, organización o movimiento aparezca junto con otros en una lista que será compilada, o enviar fotos y reportar las acciones del plan que contribuyan a su cumplimiento, serán bienvenidos en los siguientes correos: llamadodelosduendes@gmail.com (en castellano) prefiguration@gmail.com (in English)

ABOUT PM PRESS

PM Press is an independent, radical publisher of books and media to educate, entertain, and inspire. Founded in 2007 by a small group of people with decades of publishing, media, and organizing experience, PM Press amplifies the voices of radical authors, artists, and activists. Our aim is to deliver bold political ideas and vital stories to people from all walks of life and arm the dreamers to demand the impossible. We have sold millions of copies of our books, most often one at a time, face to face. We're old enough to know what we're doing and young enough to know what's at stake. Join us to create a better world.

PM Press
PO Box 23912
Oakland, CA 94623
www.pmpress.org

PM Press in Europe
europe@pmpress.org
www.pmpress.org.uk

FRIENDS OF PM PRESS

These are indisputably momentous times—the financial system is melting down globally and the Empire is stumbling. Now more than ever there is a vital need for radical ideas.

In the many years since its founding—and on a mere shoestring—PM Press has risen to the formidable challenge of publishing and distributing knowledge and entertainment for the struggles ahead. With hundreds of releases to date, we have published an impressive and stimulating array of literature, art, music, politics, and culture. Using every available medium, we've succeeded in connecting those hungry for ideas and information to those putting them into practice.

Friends of PM allows you to directly help impact, amplify, and revitalize the discourse and actions of radical writers, filmmakers, and artists. It provides us with a stable foundation from which we can build upon our early successes and provides a much-needed subsidy for the materials that can't necessarily pay their own way. You can help make that happen—and receive every new title automatically delivered to your door once a month—by joining as a Friend of PM Press. And, we'll throw in a free T-shirt when you sign up.

Here are your options:

- **$30 a month** Get all books and pamphlets plus a 50% discount on all webstore purchases

- **$40 a month** Get all PM Press releases (including CDs and DVDs) plus a 50% discount on all webstore purchases

- **$100 a month** Superstar—Everything plus PM merchandise, free downloads, and a 50% discount on all webstore purchases

For those who can't afford $30 or more a month, we have **Sustainer Rates** at $15, $10 and $5. Sustainers get a free PM Press T-shirt and a 50% discount on all purchases from our website.

Your Visa or Mastercard will be billed once a month, until you tell us to stop. Or until our efforts succeed in bringing the revolution around. Or the financial meltdown of Capital makes plastic redundant. Whichever comes first.

Zapatista Stories for Dreaming Another World

Subcomandante Marcos
Edited and translated by Colectivo
Relámpago/Lightning Collective
with a Foreword by JoAnn
Wypijewski

Zapatista Stories for
Dreaming An-Other World

Subcomandante Marcos

Translation, Introduction, and Commentaries by
Lightning Collective

Foreword by
JoAnn Wypijewski

ISBN: 978-1-62963-970-3
$16.95   160 pages

In this gorgeous collection of allegorical stories, Subcomandante
Marcos, idiosyncratic spokesperson of the Zapatistas, has provided
"an accidental archive" of a revolutionary group's struggle against
neoliberalism. For thirty years, the Zapatistas have influenced and
inspired movements worldwide, showing that another world is
possible. They have infused left politics with a distinct imaginary—and
an imaginative, literary, or poetic dimension—organizing horizontally,
outside and against the state, and with a profound respect for difference
as a source of political insight, not division. With commentaries
that illuminate their historical, political, and literary contexts and an
introduction by the translators, this timeless, elegiac volume is perfect
for lovers of literature and lovers of revolution.

"From the beating heart of Mesoamerica the old gods speak to Old Antonio,
a glasses-wearing, pipe-smoking beetle who studies neoliberalism, and
both tell their tales to Subcomandante Marcos who passes them on to us:
the stories of the Zapatistas' revolutionary struggles from below and to the
left. The Colectivo Relámpago (Lightning Collective), based in Amherst,
Massachusetts, translates and comments with bolts of illumination
zigzagging across cultures and nations, bringing bursts of laughter and
sudden charges of hot-wired political energy. It seems like child's play, yet
it's almost divine!"
—Peter Linebaugh, author of *Red Round Globe Hot Burning*

Maroon Comix: Origins and Destinies

Edited by Quincy Saul with illlustrations by Seth Tobocman, Mac McGill, Songe Riddle, and more

ISBN: 978-1-62963-571-2
$15.95   72 pages

Escaping slavery in the Americas, maroons made miracles in the mountains, summoned new societies in the swamps, and forged new freedoms in the forests. They didn't just escape and steal from plantations—they also planted and harvested polycultures. They not only fought slavery but proved its opposite, and for generations they defended it with blood and brilliance.

Maroon Comix is a fire on the mountain where maroon words and images meet to tell stories together. Stories of escape and homecoming, exile and belonging. Stories that converge on the summits of the human spirit, where the most dreadful degradation is overcome by the most daring dignity. Stories of the damned who consecrate their own salvation.

With selections and citations from the writings of Russell Maroon Shoatz, Herbert Aptheker, C.L.R. James, and many more, accompanied by comics and illustrations from Songe Riddle, Mac McGill, Seth Tobocman, and others, *Maroon Comix* is an invitation to never go back, to join hands and hearts across space and time with the maroons and the mountains that await their return.

"*The activist artists of* Maroon Comix *have combined and presented struggles past and present in a vivid, creative, graphic form, pointing a way toward an emancipated future.*"
—Marcus Rediker, coauthor of *The Many-Headed Hydra: Sailors, Slaves, Commoners, and the Hidden History of the Revolutionary Atlantic*

"*With bold graphics and urgent prose,* Maroon Comix *provides a powerful antidote to toxic historical narratives. By showing us what was, Quincy Saul and his talented team allow us to see what's possible.*"
—James Sturm, author of *The Golem's Mighty Swing*

Maroon the Implacable: The Collected Writings of Russell Maroon Shoatz

Russell Maroon Shoatz
Edited by Fred Ho and Quincy Saul
with a Foreword by Chuck D and
Afterword by Matt Meyer and
Nozizwe Madlala-Routledge

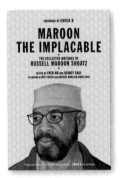

ISBN: 978-1-60486-059-7
$20.00   312 pages

Russell Maroon Shoatz is a political prisoner who has been held unjustly for over thirty years, including two decades in solitary confinement. He was active as a leader in the Black Liberation Movement in Philadelphia, both above and underground. His successful escapes from maximum-security prisons earned him the title "Maroon." This is the first published collection of his accumulated written works and also includes new essays written expressly for this volume. Despite the torture and deprivation that has been everyday life for Maroon over the last several decades, he has remained at the cutting edge of history through his writings. His work is innovative and revolutionary on multiple levels:

• His self-critical and fresh retelling of the Black liberation struggle in the U.S. includes many practical and theoretical insights;

• His analysis of the prison system, particularly in relation to capitalism, imperialism, and the drug war, takes us far beyond the recently popular analysis of the Prison Industrial Complex, contained in books such as *The New Jim Crow*;

• His historical research and writings on Maroon communities throughout the Americas, drawing many insights from these societies in the fields of political and military revolutionary strategy are unprecedented; and finally

• His sharp and profound understanding of the current historical moment, with clear proposals for how to move forward embracing new political concepts and practices (including but not limited to ecosocialism, matriarchy and ecofeminism, food security, prefiguration and the Occupy Wall Street movement) provide cutting-edge challenges for today's movements for social change.

A Letter to My Children and the Children of the World to Come

Raoul Vaneigem
with an afterword by John Holloway

ISBN: 978-1-62963-512-5
$15.95   128 pages

Readers of Vaneigem's now-classic work *The Revolution of Everyday Life*, which as one of the main contributions of the Situationist International was a herald of the May 1968 uprisings in France, will find much to challenge them in these pages written in the highest idiom of subversive utopianism.

Some thirty-five years after the May "events," this short book poses the question of what kind of world we are going to leave to our children. "How could I address my daughters, my sons, my grandchildren and great-grandchildren," wonders Vaneigem, "without including all the others who, once precipitated into the sordid universe of money and power, are in danger, even tomorrow, of being deprived of the promise of a life that is undeniably offered at birth as a gift with nothing expected in return?"

A Letter to My Children provides a clear-eyed survey of the critical predicament into which the capitalist system has now plunged the world, but at the same time, in true dialectical fashion, and "far from the media whose job it is to ignore them," Vaneigem discerns all the signs of "a new burgeoning of life forces among the younger generations, a new drive to reinstate true human values, to proceed with the clandestine construction of a living society beneath the barbarity of the present and the ruins of the Old World."

"In this fine book, the Situationist author, whose writings fueled the fires of May 1968, sets out to pass down the foundational ideals of his struggle against the seemingly all-powerful fetishism of the commodity and in favor of the force of human desire and the sovereignty of life."
—Jean Birnbaum, *Le Monde*

Their Blood Got Mixed: Revolutionary Rojava and the War on ISIS

Janet Biehl

ISBN: 978-1-62963-944-4
$27.95   256 pages

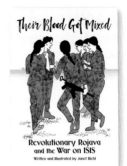

In the summer of 2012 the Kurdish people of northern Syria set out to create a multiethnic society in the Middle East. Persecuted for much of the 20th century, they dared to try to overcome social fragmentation by affirming social solidarity among all the region's ethnic and religious peoples. As Syria plunged into civil war, the Kurds and their Arab and Assyrian allies established a self-governing polity that was not only multiethnic but democratic. And women were not only permitted but encouraged to participate in all social roles alongside men, including political and military roles.

To implement these goals, Rojava wanted to live in peace with its neighbors. Instead, it soon faced invasion by ISIS, a force that was in every way its opposite. ISIS attacked its neighbors in Iraq and Syria, imposing theocratic, tyrannical, femicidal rule on them. Those who might have resisted fled in terror. But when ISIS attacked the mostly Kurdish city of Kobane and overran much of it, the YPG and YPJ, or people's militias, declined to flee. Instead they resisted, and several countries, seeing their valiant resistance, formed an international coalition to assist them militarily. While the YPG and YPJ fought on the ground, the coalition coordinated airstrikes with them. They liberated village after village and in March 2019 captured ISIS's last territory in Syria.

Around that time, two UK-based filmmakers invited the author to spend a month in Rojava making a film. She accepted, and arrived to explore the society and interview people. During that month, she explored how the revolution had progressed and especially the effects of the war on the society. She found that the war had reinforced social solidarity and welded together the multiethnic, gender-liberated society. As one man in Kobane told her, "Our blood got mixed."